荥泽古城历史文化系列丛书

# 荥泽古城牛皮书

焦健　张振明　编著

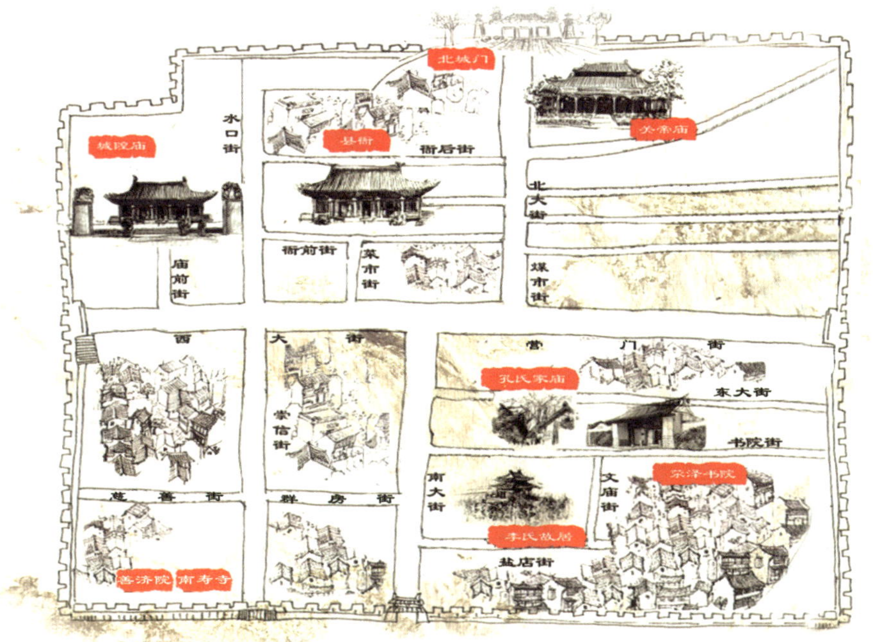


黄河水利出版社
·郑州·

图书在版编目 (CIP) 数据

荥泽古城牛皮书 / 焦健，张振明编著. —郑州：黄河水利出版社，2020.8

（荥泽古城历史文化系列丛书）

ISBN 978 - 7 - 5509 - 2185 - 6

Ⅰ.①荥… Ⅱ.①焦… ②张… Ⅲ.①文化史-郑州 Ⅳ.①K296.11

中国版本图书馆CIP数据核字（2018）第241464号

策划编辑：张倩　　电话：0371-66026755　　QQ：995858488

出 版 社：黄河水利出版社　　网址：www.yrcp.com

地址：河南省郑州市顺河路黄委会综合楼14层　　邮编：450003

发行单位：黄河水利出版社

发行部电话：0371 - 66026940、66020550、66028024、66022620（传真）

E-mail：hhslcbs@126.com

承印单位：河南匠心印刷有限公司

开本：710 mm×1 000 mm　1 / 16

印张：16.75

字数：280千字　　印数：1—2 000

版次：2020年8月第1版　　印次：2020年8月第1次印刷

定价：70.00元

# 荥泽古城历史文化系列丛书
# 编辑委员会

# 序

走进荥泽古城，能看到什么？想看到什么？这是每位游客踏上这片土地立刻会产生的好奇心理。领略祖国各地的大好河山和风土人情是每位外出旅行的人所渴望的。先上广武山吧！俗话说，山不在高，有仙则灵。广武山就是这么一座进山不见山的山峦，但她的许多美丽的故事和传说，使她成为华夏文明的圣山。这里有五千多年人文始祖黄帝在此建造的中华第一城——西山遗址；是商代中丁迁隞的隞都所在地；有大汉帝国的开创者刘邦和西楚霸王项羽厮杀激战的古战场；有传说中唐太宗李世民一战奠定大唐基业的秦王寨遗址；有宋金元明清时期的佛教圣地岳山寺；有唐代皇家园林"桃花峪"……真乃三步一遗址，五步一胜景。广武山又称广武塬，走在山顶不见山，如同进入了万亩森林之中。驱车在山顶上如同在平地奔驰，是老少皆宜的旅游观光之地。游山玩水的间隙，抬眼北望，奔腾东流的黄河水尽收眼底，九曲十八弯的黄河浪涛在夕阳照耀下熠熠生辉，如入仙境，使人流连忘返。

看完了山水风光就进入荥泽古城，看看人文风情吧。这里是中国历史文化名镇古荥镇，走进古荥镇，她的繁荣多姿一定会使您眼花缭乱，盛景太多，令人应接不暇。劝君先上一炷高香吧！君若求平安就先上城隍庙吧！虔诚地上一炷香，将会使您心静如水，一生平安。您是经商的吗？那就来纪信庙吧，忠义的氛围将会使您广结商界诚信之友，令您生意兴隆、财源滚滚。您对自己的前途感到迷茫吗？那就到红光寺来吧。这里的平和气息定会令您柳暗花明、豁然开朗。您是正在求学的年轻人，追求学业进步吗？那您就迈开雄壮有力的双脚，踏进孔氏家庙，祭拜孔老夫子吧，高等学府定会向您敞开大门。您求长寿吗？那您就慢慢地跨进南寿寺寂静的庭院吧，鲐背之年这里是您的祝寿之堂！

上过高香，您就去“古城牧唱”吧！登上三千年历史的古城墙，高歌一曲“大风起兮云飞扬……”定会使您心胸无比开阔，心情舒畅；哼一支《牧羊曲》，会使您想起青年时期的故土情怀。站在城墙上放眼四望，天地连为一体，雀鸟在空中飞翔。闭上双目，侧耳倾听，两千年前刘项之争的战鼓，军士的呐喊，战马嘶鸣仿佛就在耳旁。

走下城墙，就到隋唐大运河岸边走走吧。潺

潺的流水映入眼帘，宽敞的河床、起伏的芦苇荡召唤您走下堤岸。撑着河面上的小木筏顺水漂荡，伸手撩起清凌凌的河水，会看到鱼鹰在向您招手，听到白鹭在水面上歌唱。清澈见底的河水映出您挺拔的身影，摇曳的身姿与水底的鱼儿一同游荡，岸边杨柳婀娜如青春少女。抬头望，蓝天白云，鹰击长空，处处美景，真是令人心旷神怡，如置身梦中。

轻舟而东二十里水路，三千年繁华过往、沧海桑田使人精神为之一振，翩翩思绪涌入心田。

后庄王村呈现的尖底瓶向您展现五千年前先民们的生活场景和勤劳智慧，如同看到他们真真切切地生活在石河后庄王村两岸。三千四百年前的小双桥，商天子祭天的宏壮礼仪震撼着心灵，再现当时庄重威严的祭祀场。

小船再往东行一里，空气中迷人的酒香便飘入你的鼻腔，“大小双桥”展现在您的眼前，已有千年历史的双桥陈酿美酒，定会使您闻之欲醉，忍不住诱惑停舟上岸，接过美丽的姑娘递上的陶碗，呷一口入喉，酒香绵柔醇厚，忍不住啧啧称叹。

小船继续向东漂荡，一座雄伟壮丽的古亭就

屹立在运河南岸，那就是古荥大运河上的醉翁亭，欧阳在召唤您。哦！他不是欧阳永叔，是古荥的文化巨匠张调元先生，他在向您赞叹喝过的双桥美酒。两边河岸的芦苇荡中有白鹿再现……来吧，五湖四海的朋友，这边数不尽的美景也不如您亲临一观。

下了小游船，走进中国历史文化名镇——古荥镇游玩，各类非物质文化遗产琳琅满目，一定会使您眼花缭乱，民俗小吃令您回味无穷，粗衣布衫更胜过绫罗绸缎。

古荥镇的古代冶铁技术，特别是钢材产品，比西方国家早了一千四百多年，中国目前唯一一座冶铁遗址博物馆就在古荥镇西城墙外，一套完整的汉代冶炼铸造技术就在博物馆内生动展现，而现代的、勤劳智慧的古荥人民按照华夏文明伟大复兴的梦想，传承并发展了汉代冶铁技术，仿汉新产品——西汉铁剑、宛冯宝剑，青出于蓝而胜于蓝。养生铁壶更是古荥冶铁生活用具的典范，它不但是养生茶具，更是艺术珍玩。

中国美食美名传天下，古老的舌尖上的文明历史悠久，形成了各地独特的饮食文化。古荥虽是弹丸之地，但有舌尖特产，宋代皇家美食——黄焖肉，乃是宋王朝的宫廷美食绝唱，也是古荥绝无仅有的特色美味。走遍全国各地，也只有古荥一家生产，入口一块唇齿留香，回味三日而不绝。

古荥的土、运河的水，千年陈酿双桥美酒，举杯生香，亲朋高坐使您身不醉而情自醉，三千里外使您还想再来一回。午夜梦回，您可还记得这个令您流连忘返的运河边的古城吗？

双连陶壶、荥泽黑瓷，延续五千年历史，熠熠生辉。沏上一壶芳茗，呷上一口美酒，人生惬意也不过如此了吧！

悠扬的琴筝之韵，亲切的少女之音，是陶冶情操的必备佳品，在悠扬的琴声中净化您的灵魂。

您看那村姑织出的粗布，巧手缝制的粗布对襟衣衫，最适合您在忙中偷闲的时候穿着，卸下了伪装与束缚，怎么穿怎么舒服。

沿街叫卖的油茶、稳坐十字路口边的油酥火烧，都会使您垂涎欲滴，食指大动。

历史名士、才子佳人，吸引着您到他的故居一观，唐代一门六宰相的郑氏家族，荣获皇帝赏赐十枚免死铁券的唐代宰相孔纬家族，数百年为官的孙卓家族，都是您学习膜拜的榜样。

累了，真的累了，运河两边典雅有情调的酒店已为您敞开了大门，经济条件宽裕的，有如汉高祖刘邦下榻的皇家宫殿供您体验，享受皇帝般的服务。另有情趣农家小院，经济实惠，同样别有一番风味。华灯初上，运河上的渔歌萦绕渔船，鲤鱼清香供您赏玩品尝，相信这些乐趣一定不亚于秦淮河畔。

千言称赞不如您亲临一看，热情好客的古荥人一定会把您视为家人一般。来吧，五湖四海的贵客，得中原者得天下，游古荥一日而知中华！

**千江雪**

2018 年 12 月 6 日

# 前　言

古人云："读史使人明智"，从人生棋局的角度来读古之史书，读古人之史事，能使今人学会将历史人物的经验教训化为己用，启迪智慧，有助于自己的事业管理与人生发展，可谓善莫大焉。

"富冠海内，天下名都"是距今一千五百年前的北魏郦道元（公元472~527年）对荥泽古城的定义。而富冠海内的"富"和天下名都的"都"都是上自距今五千年前的黄帝时代，下至秦汉时代三千年荥泽先民的辛勤积淀而形成的，也是与古城的地理位置的"中原之中"、临河而居的荥泽的"泽"密不可分的。在这片山水相依的优美自然环境之中，随着中华民族的历史进程和风云演变，古荥的历史角色在变迁，新石器时代，黄帝在广武山建西山古城，荥泽成为国家指挥中心。商代商王中丁继位，在广武山（塬）建国都，至今遗迹犹存。春秋之际，晋文王重耳在古城东北隅筑台，聚天下诸侯，以奉周王室，即今古城东北隅的钓鱼台。战国争霸，韩国大规模扩建古荥，始名荥阳。秦始皇东出函谷，知统一天下必占荥阳，设三川郡治，治于荥阳，方有"得中原者得天下，占荥阳而天下稳”之朝议。刘邦在此一战而胜项羽，一统天下，大汉帝国建立，古荥成为国家交通、工业、文化中心。司马迁写《史记》，前后落笔“荥阳”二字140余处，足见古荥在中国地位上的重要性，充分体现出古都的“富”，展示出古城“都”的风采。富都之林少不了达官贵人、风流骚客的向往。秦汉之初，直到隋唐盛世，古荥又是人才辈出的人文之地，歌舞升平，繁华异常。“富都”的另一面是争战，只因为古荥“富”，各路豪强来争，又因为古荥是“都”，无数诸侯来战。争战意识只有破坏，无建设修复，无数次战争，无数次破坏，古荥几成废墟。到北魏年间，古荥几乎没有行政管理，不具备生活条件。县治迁移，古荥由县改镇。隋唐大运河通济渠的开通，使古荥繁荣再现。明成化八年（公元1472年），县治再修，在县级城市中是规模较大的。城门巍峨，东门曰寅宾，西门曰寅饯，南门曰迎熏，北门曰迎恩。明万历四十三年（公元1615年），建东南门，曰文明门。明崇祯六年（公元1633年）建外城，外城只建一门曰鼎新门。明崇祯十年（公元1637年），内城重建，改南门名为安贞门，城门四角建四角楼，巍峨壮丽。清康熙三十六年（公元 1697 年），黄河南侵逼近城垣，清康熙三十七年（公元 1698 年）改迁荥阳旧城西北角，宽一丈，周围五里。护城河宽四丈，深三丈，建四门。东门称“适梁门”，西门称“峻极门”，南门称“鲁潮门”，北门设内外门两层，称“迎恩门”。门各有城楼，四角亦有角楼，清乾隆九年（公元 1744 年）重修城垣，改题四门门额，东称“布和”，西称“挹爽”，南名“向离”，北曰“景辰”。

荥泽县城以荥泽古城（今古荥镇古荥村）为中心，向四方辐射大致相当于今郑州市惠济区范围，1931 年撤县，与河阴县合并称为广武县。1949 年，广武县与汜水县合并，称为成皋县。1953 年，郑州市扩大郊区，经国务院批准，将成皋县的古荥、沟赵等 18 个乡（镇）划入郑州郊区，正因这一变化，荥泽古城至今归郑州辖区，荥泽县境并未有属于今荥阳市管辖的历史。

编辑此书的初衷，是以平实的语言，述说古荥的故事，以人为故事之源，以事为故事之本，再现古荥五千年光辉灿烂的丰厚历史，以浅显易懂的语言故事，传递给古荥人、关心古荥的人和有机会到古荥的所有人，让人民大众在工作生活之余感到精神愉悦，使古荥五千年文明得到传承，使文明精神在快乐中得到发展，提高古荥大运河历史文化的品位，促进古荥地区经济发展，惠及当地父老乡亲，赶上我国日新月异的发展步伐。

**张振明**

2018 年 12 月 6 日

# 目　录

# 第一章　荥泽古城简介

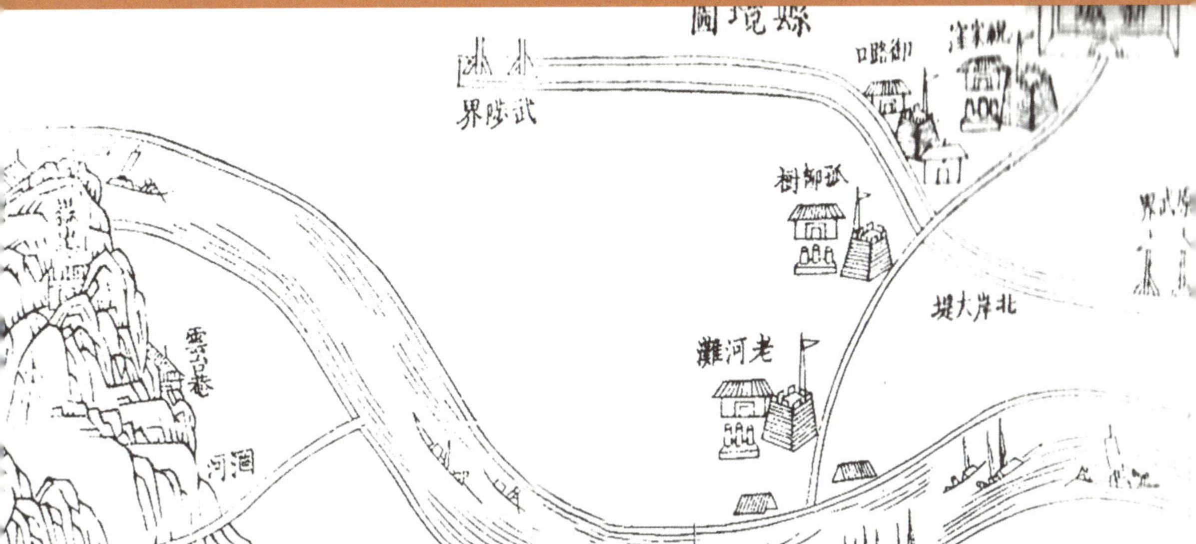

# 第一节　境（辖）区

荥泽县自隋开皇四年（公元584年）设置，管辖现在黄河两岸。黄河北岸管辖原阳县西南部和武陟县东南部，黄河南岸管辖今汜水以东至中牟县境以西，南以索须河与郑州为界。一千四百多年来时有大小，但以荥泽古城（今古荥镇古荥村）为中心，辐射四方的格局没有变化。初设县治靠近黄河，因河水南侵，县治不断南迁，至清康熙三十七年（公元1698年），县治依原荥阳故城西北部分，新筑东面、西面城墙，成现存规模，与残存城墙遗址相似。

清顺治年间，编著《荥泽县志》，由时任荥泽知县段补圣主持，荥泽人李昭、沈士秀撰写，主要参与者有荥泽人张吁美、李琳等，由荥泽人写荥泽事，李昭、张吁美二人都是进士及第，文采超群，沈士秀、李琳等人都是荥泽文人，因而县志文笔秀丽、内容翔实。

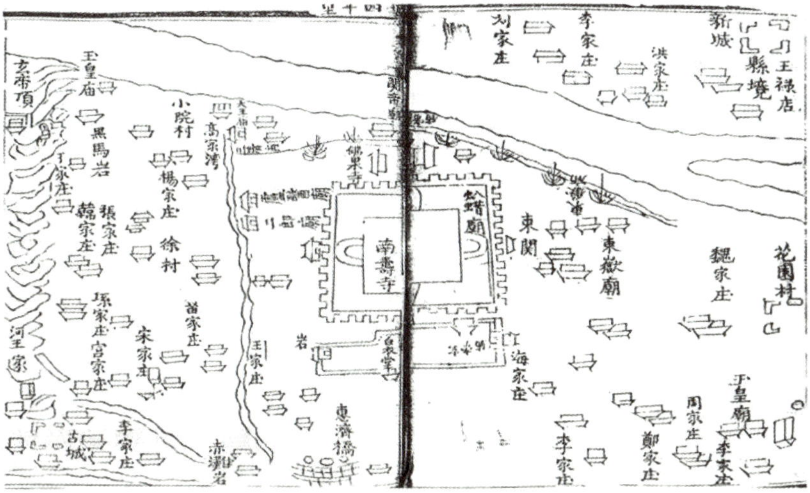


清顺治年间《荥泽县志》县境图

清乾隆年间，《荥泽县志》由时任荥泽知县崔淇修订，此志是在顺治版县志的基础上采辑新的内容整理而成的，采辑和编辑的参与者都是荥泽县本土文人，其中有举人王博、李维墧、拔贡付宿儒、生员孔衍正、孙声美等，使县志图文并茂，流传至今，成为研究荥泽县一千多年政治、经济、人文、地理最翔实的文献。

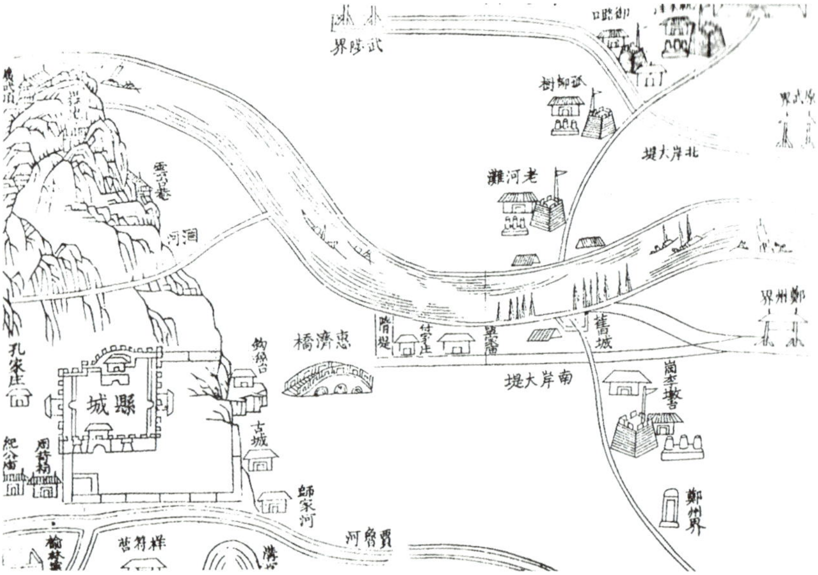


清乾隆年间《荥泽县志》县境图

由顺治版和乾隆版记载的县境图可以看出，荥泽县域跨黄河南北两岸，可从管辖地域的特点看到荥泽县的重要性。一般省、州、县乡分界，有山以山为界，有河以河为界，极少有跨山越河为界的。以山河为界，一是边界容易分清，减少纠纷；二是减少交通阻碍。但是荥泽县为何会跨黄河南北两岸呢？原因主要有二：一是荥泽地处中原腹心，西靠广武山，东扼平原，黄河从广武山而下，到这里水势由湍急转为平稳，是黄河中下游的分界处，成为黄河天然的渡口。隋代开通大运河，连接京都长安与南方的水路交通，在这里加强敖仓建设，使荥泽成为国家货物的集散地。南方物资先通过运河运到荥泽敖仓，再由敖仓转运至首都长安，或通过永济渠转运至北方各地。而黄河连接大运河通济渠与永济渠的口门都在荥泽县南北两岸，永济渠连黄河的口门，现在武陟县东南连接黄河的附近，通济渠连黄河的口门，现在郑州市惠济区北部的牛庄大王庙附近，历史上这两处口门都在荥泽县境内，荥泽县是隋唐宋时期大运河的心脏所在，其交通枢纽地位十分重要。为保证运河漕运的畅通，荥泽县管辖疆域在广武山以东，包含黄河两岸成为必然。二是在保证漕运畅通的情况下，能保证朝廷政令的快速传递。从荥泽县的疆域情况可以看出设置荥泽县的重要性和特殊性，在此基础上，走进荥泽、了解荥泽就有了地理学上的概念。

## 第二节 历史沿革

荥泽县辖区在隋代设县以前的历史沿革是怎样的呢？这对深入了解荥泽县、荥泽古城、古荥镇是特别重要的。荥泽县自隋仁寿元年（公元601年）设县至公元1931年，历经一千三百多年，而荥泽县在隋代以前的历史沿革是荥泽历史密不可分的重要组成部分。

根据考古发现，距今五千年至一万年，荥泽是中华先民主要的聚居生活之地。他们依山傍水而居，繁衍生息，荥泽古城北面枯河北岸的西山遗址就是先民生活的、较大较集中的地方，这个遗址发现的墓葬中的人骨，化验结果显示距今已有七千余年。西山遗址的古城墙、护城壕沟、城内的建筑基址至今已有五千多年。

### 一、夏代

黄河是大禹治水治理的主要河流之一，经过数十年，夏禹分中华为九州、九泽，中原地区为豫州，就相当于现在的河南。古代“四渎”（黄河、长江、淮河、济水）之一的济水在此伏出，被大禹命名为“荥泽”，从而荥泽成为中华九泽（湖）之一。

### 二、商代

商代第十一王中丁迁都敖山（今广武山），山上有敖仓城，现在还残存部分西城墙与南城墙。敖仓城是河南省重点文物保护单位。中丁死后，中丁的弟弟外壬即位，外壬之后又由外壬的弟弟河亶甲即位。所以，商代从第十一王中丁、第十二王外壬到第十三王河亶甲，先后有三位商王在古荥泽地区为王，当时的荥泽乃京都所在。

## 三、周代

周王朝建立，周武王封他的叔叔虢仲占荥泽，虢仲为侯，称虢国，郑国建国于郑州地区后，原有的荥泽周边一带称荥泽地。韩国占据荥泽周边地区后，在此营建城市，因建于荥泽西北岸，根据我国山南水北谓之阳的习俗，遂将此城市命名为荥阳。

## 四、秦代

荥阳属三川郡，是郡治所在地。

荥阳为郡治，是荥泽县为郡县的前身。荥阳原本是战国七雄之一的韩国所建，成为韩国战略要地。《史记》记载：韩桓惠王二十四年（公元前249年），秦攻占成皋、荥阳，设三川郡，秦丞相李斯的儿子李由任三川郡守，守荥阳。三川郡治所在地的地望，历史上有洛阳、荥阳两种说法。《荥泽县志》旧志说：荥阳（荥泽县）秦称三川县，后三川郡移至三川县。根据新的历史文献推理，当时初设三川郡，郡守李由据守于此，荥阳故城就是当时的荥阳，也就是三川郡郡治所在。

## 五、汉代

刘邦建立西汉王朝，设河南郡，荥泽一带属河南郡。西汉中期，朝廷实施盐铁官营，就是在商品流通中，盐和铁由官府经营，私人不准生产和买卖。西汉王朝在荥阳故城设河南郡第一冶铁工场，简称“河一”，其具体位置就在荥阳故城西门外，现存遗址十二万平方米，现在建有古荥汉代冶铁遗址博物馆。西汉二百余年间，荥阳故城是重要的军事重镇，汉文帝时曾在此驻军二十余万。

## 六、曹魏

此时荥阳隶属于司州河南郡。东汉末年，国家军阀混战，荥阳位居中原，成为战争中心，城池作为战争攻防双方争夺的要件之一，遭到了重创，魏武帝曹操起兵初期，曾与董卓鏖战于此，被董卓部将曹荣枪挑落马，见《晋书》。

## 七、晋代

此时荥阳隶属于司州荥阳郡。两晋时期，荥阳仍是战争的中心地区，西晋时期的八王之乱，东晋时期的后赵武帝石虎作乱都对荥阳故城造成了严重的破坏。当时的东晋名臣习凿齿任荥阳太守八年，维修古城，著有《汉晋春秋》一书。

## 八、北魏

此时荥阳隶属于荥阳郡，东恒农郡。北魏太和十七年（公元493年），荥阳县治迁于大索城（今郑州管辖的荥阳市境内）。

## 九、隋代

隋开皇四年（公元584年），在此设广武县，仁寿元年（公元601年），改为荥泽县。此时，朝廷开始开凿大运河，荥泽县位于隋大运河东西南北交汇处的要冲，重新成为重要的交通枢纽和经济中心。

## 十、唐代

此时荥泽隶属于河南道郑州荥阳郡。隋唐更替时期，荥泽乃是战略要地，相传秦王李世民曾带精兵三千驻守黄河南岸的秦王寨，与窦建德鏖战于此，窦建德领兵十万占据绝对优势，李世民认清战局，趁窦建德部队立足未稳之机，领精兵直冲窦部指挥基地，活捉窦建德，创造了历史上著名的以少胜多的战例。

### 十一、宋代

此时荥泽隶属于京西北路郑州。宋熙宁五年（公元 1072 年）废县为镇，宋元祐元年（公元 1086 年）复设荥泽县。北宋时，荥泽县位于京城开封西，地理位置十分重要，朝廷也格外重视荥泽县，特别是交通设施和宗庙建设。

### 十二、金代

此时荥泽隶属于南京路郑州。金代统治中原时间虽短，但十分重视对汉人的思想同化，宰相纥石列良弼曾参拜郑州纪信庙，并留下歌颂纪信的诗篇，以表彰纪信忠烈精神，题诗碑刻现存于纪信庙碑林。

### 十三、元代

此时荥泽隶属于河南江北汴梁路总管府。元代统治大约百年，委派大臣贾鲁为治河总管，贾鲁治河以郑州所管辖的荥泽、中牟、开封为中心，疏通汴河，使中原地区水路交通恢复通航，从而带动全国便利的交通运输。此河修复后，历代为纪念贾鲁治河之功，将此河命名为贾鲁河，沿用至今。

### 十四、明代

此时荥泽先是隶属于汴梁，后隶属于郑州，隋初设立荥泽县，县治临黄河。明洪武八年（公元 1375 年），因黄河水患，县治迁于黄河南岸的胡桃园，明成化十五年（公元 1479 年）正月，又因黄河水患，县治南迁至今惠济桥村东北约两公里。县城多次遭匪患，因城池坚固而未被攻破。

### 十五、清代

此时荥泽隶属于河南开封府郑州。清康熙三十七年（公元 1698 年），县治迁至今荥阳故城内，依荥阳故城的西城墙和北城墙建造新的城池，规模与格局沿用至今，即今日的郑州市惠济区古荥镇古荥村的规模与布局。

# 第三节 县治概况

荥泽县治，因黄河水患，三次迁移，县治的规模和布局只有清顺治年间《荥泽县志》上简单的县志图可参考。然而由于顺治年间的地图绘制水平和县治迁移的原因，现已无法考证。明代县治的两次迁移重建，县治旧址已经被黄河河床占压，也已无从考证。因而荥泽县治的情况只能依据清乾隆年间所修编的《荥泽县治》和现存遗迹现状进行表述。

所谓县治，也就是县衙所在的城池、城墙和城门以及附属设施的分布和规模。

清康熙三十七年（公元 1698 年）的荥泽县城，城墙周长按县志记载是五里，大约就是周长 2500 米。现存的荥泽县城的城墙，经测量，

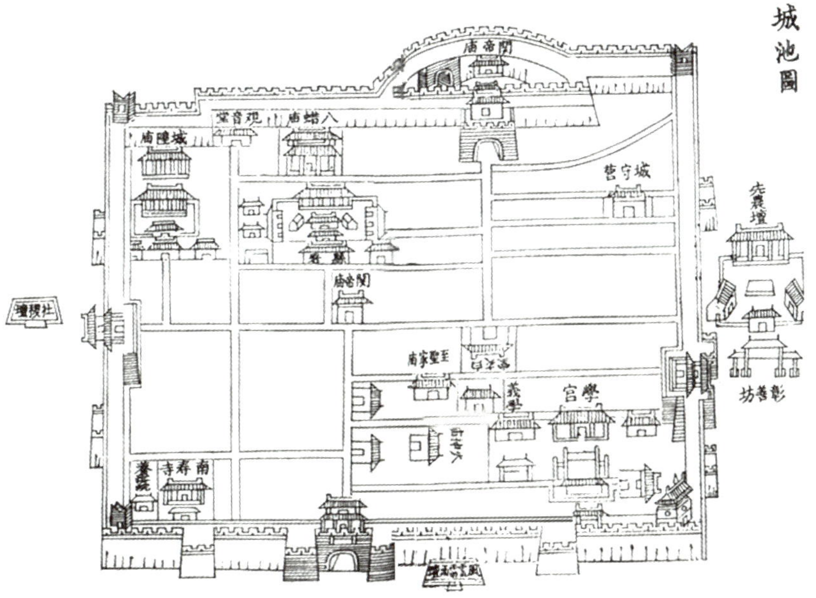


清乾隆年间《荥泽县志》城池图

周长约3000米，和县志记载的数据差距不大。分析原因，一个原因是，清代是以丈、尺等为度量单位，而现在则是以米为度量单位。度量单位的差异会导致测量换算出的数据有出入。另一个原因是，城墙形状并非是十分规整的正方形或长方形，西城墙和北城墙是利用秦汉时期的荥阳故城旧城墙，而秦汉时期的城墙是依地势而修建的，加上风水等因素对修建城墙的影响，同时为了满足城墙的防御功能，城墙多是依自然形成的深沟而修建的，城池的西北角内收50米见方，北城门上建有瓮城，这就形成了古代和现代在尺寸计量上的差异。城墙全部用黄土夯筑而成，四个城墙角上建有城楼，东西南北四个方向开有四个城门，城楼和城门是砖瓦建筑。城墙上筑有女儿墙，是砖砌建筑，城墙墙体附有马面建筑，现已无存，也是砖砌建筑。城门东西二门是两层，南北二门是三层，城门的功能一是防御，二是出入城的必经之地，城墙上的角楼主要用于瞭望、防御，附在城墙上的马面也是用于防御。

## 一、城门

清康熙三十七年（公元1698年）新建城池时，东门称“適梁门”，西门称“峻极门”，南门称“鲁潮门”，北门称“迎恩门”。清乾隆九年（公元1744年），城垣和城门经历了重修，四座城门都改换了新的名字，东门被命名为“布和”，西门被命名为“挹爽”，南门被命名为“向离”，北门被命名为“景辰”。2008年笔者曾在古荥村八街、牌坊街见到“峻极门”石刻，该石刻现在可能还被存放在牌坊街村民的家中。

峻极门石刻

城外有护城河，护城河宽四丈、深三丈，2005 年和 2008 年，笔者曾两次参与荥泽古城文物调查，护城河的宽度在 10 米左右，深度在 8 米至 10 米不等，和县志中记载的数据大体一致。

## 二、县城建筑

县城建筑分为城内和城外两部分。城内建筑主要是县衙行政机关和宗庙，城外建筑主要是祭祀天地的建筑。

城内行政机关有三个：一是县署，也就是俗称的县衙，现在都称为县政府。二是城守营，是军事机关和守城军队的驻防地。三是学宫，也就是官办学堂。

《荥泽县志》城池图与现存城池遗迹不一致的地方，应以遗存来表述。其中，描述牌坊街和水口街是南北一线，而现状遗存是两条街虽然南北相对，但是水口街偏西、牌坊街略偏东，并不在一条直线上。水口街南口和牌坊街北口隔西大街相望，东西错位 5 米左右。水口街南口东侧有一座火神庙，该庙正对牌坊街北口。《荥泽县志》城池图上没有标注盐店街的位置，衙后街则显示不清楚。

### （一）县衙

县衙是县城内最重要的建筑，位于荥泽城内偏西北的位置，县衙大门有两座石狮镇守在东西两侧，大门前有一条大街向南直通西大街。该街道因为商业门店较多，每逢农历单日有集市（均集中在这条长约 200 米的大街上），以粮食菜品等为主，故而得名菜市街。衙前左侧是常平仓，也就是县御粮仓。衙前右侧是监狱，为关押犯人的地方，直到 1960 年前后，还有几间破旧的牢房。县衙左右两侧的地势相对低洼，凸显出县衙的高大雄伟之状。东侧低洼处俗称“马号”，是县衙养马之处，也是衙门里公务人员的交通驿站。“马号”地势北高南低，后来南部最低洼处因城区水流聚集，形成了一个大水池。县衙北侧是衙后街，再往北

20 米左右就是北城墙。

县衙南北长约 130 米，东西宽约 60 米（见《荥泽县志》县署图），最南侧是大门三间，大门左侧是常平仓，右侧是监狱。进去大门则为第一进院落，大门进去往北约 10 米是仪门，仪门分正门和左右侧门，正门是迎接朝廷圣旨和上级官员时使用，平常则关闭不用。衙门里的公务人员和普通百姓则走侧门，从左侧进，右侧出。仪门两侧是班房。进入仪门，就是县署的第二进院落，正北面是五间大堂，右侧是吏、户、礼等部门官员的办公房间，左侧是兵、刑、工等部门官员的办公房间，中间有“皂隶房”，俗称三班衙卒用房。大堂后的第三进院落，是知县和下属官员的会议厅，正面坐北向南二堂三间，用于特殊事件和案件的审理。通过二堂两侧的侧门可进入后院，也就是县署的第四进院落，正面坐北向南建筑三堂五间，实际上是知县起居生活的场所，俗称“后花园”，知县利用正厅单独召见官员或百姓。左右分布有厢房，左厢房三间，右厢房两间。三堂西侧有典史宅，典史是记录知县处理政务情况的主要官

清乾隆年间《荥泽县志》县署图

员，住得离知县比较近，以便知县随时召见。县署四进院落的规模是我国自秦汉实行郡县制之后约定俗成的布局。

1956 年之后，县署改为政府粮食主管部门的办公场所，现在则成为郑州市惠济区人民法院古荥法庭的办公场所，仍延续了其行政职能。县署前的一对石狮，如今摆放在郑州市惠济区古荥镇政府的办公大楼前，数百年来依然威风不减。

荥泽县衙大门前石狮

（二）学校

清乾隆年间《荥泽县志》有学宫图，学宫是和县衙同等重要的建筑，不仅规模宏大，建筑规格也比较高。该图是清乾隆十三年（公元 1748 年）绘制的，反映的是清康熙三十七年（公元 1698 年）学校的规模。

清乾隆三十七年（公元 1772 年）至乾隆三十八年（公元 1773 年），由荥泽县知县周元恺主持，维持原学宫规模迁建，位置在今古荥镇古荥村书院街，现在古荥村第四村民组范围内，是古荥小学所在的位置。

学宫规模宏大，一入大门便是第一进院落，大门门楼上书“宫墙万仞”四字，南有照壁，左有玉振门，右有金声门。穿过第一进院落，是棂星门，进入檽星门，即为第二进院落，中有泮池，泮池左侧是乡贤祠；正对泮池北侧，是戟门，穿过戟门，就进入了第三进院落，东庑、西庑左右相对映入眼帘。走过东西庑中间的甬道，就进入了第四进院落，只见一栋二层建筑，是面阔五间的至圣大成殿，殿宇雄伟壮丽地屹立在院落中间。大成殿左右两侧的后围墙上开有两个小门，通过小门可以进入学宫的后院。后院明伦堂居中，左有训导宅，右有教谕宅。整

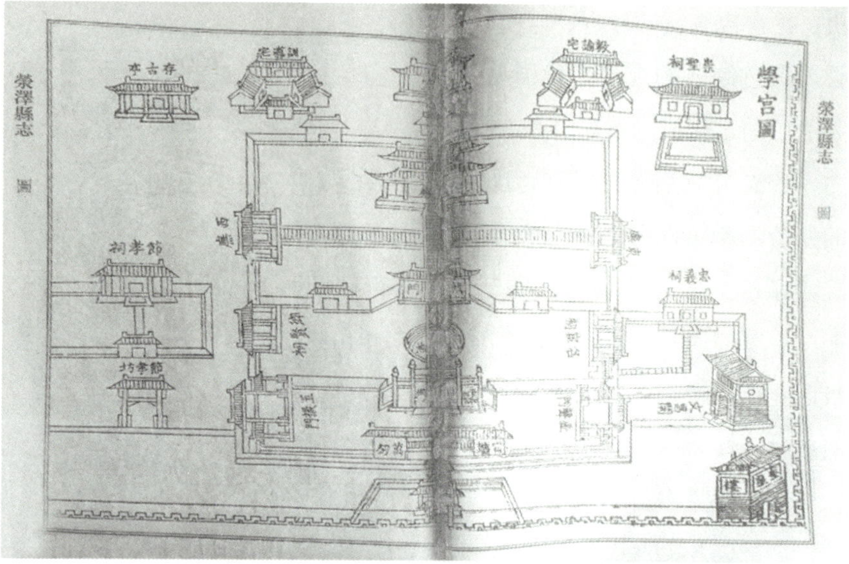


清乾隆年间《荥泽县志》学宫图

个学宫建筑主体方正，上下有序，寓意深远。主体建筑左边从北向南依次建有存古亭、节孝祠、节孝坊；主体建筑右边从北向南依次建有崇圣祠、忠义祠、文昌阁。学宫东南角临近城墙建有奎星楼一座。按照县志里的说法，县学宫建于隋大业三年（公元 607 年），已有千余年的历史。

（三）义学

荥泽县学宫是官办学校，另有义学，是民间善者在政府的指导下创办的，初办于明崇祯二年（公元 1629 年），由知县庞杰创建，清雍正八年（公元 1730 年），迁荥泽县城北门内，即今古荥镇古荥村第八村民组北，遗址有关帝庙。政府拨城壕地九十五亩归书院。清乾隆年间，知县张翮、刘尽、崔淇自捐并带领乡绅捐款捐地，委派民间乡贤张锡福、沈曰善等负责义学的事情。

## 三、宗教庙寺

庙、寺、坛、坊是我国古代社会的主要宗教场所，荥泽县县治所有庙寺坛坊十余处，城内主要是庙寺场所，城外主要是祭天拜地的坛坊。城内庙寺主要有：城隍庙始建于宋代，祭汉代功臣纪信为城隍神；孔姓至圣家庙，是我国孔氏三大家庙之一。关帝庙两处，其中北门关帝庙相传是汉将关羽过五关斩六将时过荥阳关夜晚住宿的地方。另有南寿寺、火神庙、养济院、八蜡庙、观音堂、白衣堂等。东城门外有先农坛、彰善坊；城西有社稷坛，城南有风云雷雨坛。城内城外庙寺坛坊场所不同。东城门外先农坛是政府劝课农桑的场所，每逢开春，知县带领官绅在坛上祭祀天地，祈祷全年风调雨顺，表示一年的春耕季节来临了，也有劝农民勤于耕种的意思。城西社稷坛是知县祭天拜皇帝的场所，借此祈求社会稳定，治下百姓安居乐业。而城南的风云雷雨坛是祭天祭地，祈祷四季风调雨顺，自然平安之地。这个祭坛和首都北京的天坛地坛功能相似，只是规格不同，这些都是官方祭祀场所。

城内的城隍庙是管辖官民的官祭庙。知县上任首先要祭祀，以表上忠朝廷、下抚黎民的决心，并接受城隍神的监督。孔姓至圣家庙不但是孔氏宗族的家庙，也是县署教育机构的祭拜场所。关帝庙同样是官员祭拜场所，是向朝廷表忠心的地方。八蜡庙是供奉五谷神的庙宇，同样是每年由知县带领官绅祭拜，以保境内五谷丰登，乡民安居乐业。养济院是县衙公办的慈善机构，南寿寺、观音堂、火神庙等是民间信仰和祈福场所。其他，如彰善坊是表彰道德模范的场所。名宦祠是把知名而有功绩的当地官员供奉在祠堂，乡贤祠则是供奉当地乡贤的祠堂。另有土地庙、药王庙、奶奶庙等，各有供奉的对象，表达着人们多样的期许和需求。

县境内还有三义庙、大王庙、东岳庙、马神庙、瘟神庙、芦医庙、玄武庙、三仙庙、二公庙、回龙庙等，分布在四面八方。

另有坊表 17 座，著名的、规模较大的有：纯孝牌坊、进士牌坊、节孝牌坊、书锦牌坊等，这些牌坊是为名臣、名士、孝子、烈女等事迹突出者，经朝廷批准后所建的。

## 四、县域

荥泽县县域，以清乾隆三十七年（公元 1772 年）治所——今荥泽古城（古荥村）为中心，东接郑州界，西至荥阳县、河阴县界，南至郑州、荥阳界，北至原武县（今原阳县西南部）、武陵县界（今武陟县东南部），主要县域属今郑州市惠济区，其中，黄河南岸的菜园庄、杨家庄、贾家庄、徐村、蒋家庄、小庄胡等 18 个村庄已被黄河淹没，黄河以北的祝家庄、胡家庄、姚村、季家庄、刘河庄、耿家庄等 20 个村庄从 1949 年起不再归郑州管辖，划归新乡管辖，因黄河以北 20 多个村庄原归荥泽县，所以荥泽县城隍庙的城隍奶奶是刘河庄、小刘庄人。每逢农历三月二十八日，荥泽城隍庙庙会，黄河以北的原荥泽籍人是最尊贵的客人。

## 五、人口与耕地

清代初期因为处于明清交替时期，天下初定，战争和灾荒刚刚过去，人口数量急剧减少，特别是中原地区，是明代末年的战争中心，李自成部队和清军以开封为战争中心反复鏖战，造成大量人口死亡或外逃。荥泽县作为开封西部的战略要地，也深受战祸影响，到清代初期，仅剩人丁 4360 丁（人丁指 18 岁至 60 岁成年男性，一名成年男性为一丁），具有成年男性的家庭，每家按五人计算，是 21800 人。到乾隆初期，清王朝经过一百余年的发展，社会稳定，经济发展，人口快速增长，人丁增加到 11318 丁，总人口达到约 56590 人。

清代初期，全县耕地 259598 亩，到乾隆初年，耕地面积没有改变，但是因为人口的增加，人均耕地面积由清初的十余亩减少到四亩。随着耕地资源逐渐流入到地主家庭，贫富差距也逐渐扩大，阶级矛盾激化，这是从人口和耕地关系的层面看到清代中期以后，国家由强盛转为衰弱的原因之一。

# 第四节　自然环境

荥泽古城山水相依，气候四季分明，特别适宜人类的生产和生活。境内黄河、枯河、贾鲁河、索须河横穿东西，魏河流经东南部，充足的水源为先民们的生产生活提供了便利的条件，境内西北部有广武山，阻挡着冬季寒冷的西北风的侵袭，有利于东部农作物，特别是冬小麦的安全越冬。东部平原地带土地肥沃、水源丰沛，成为天然粮仓。各条河流的堤岸遍植杨柳，形成多道绿色屏障，良好的自然环境使当地百姓丰衣足食、安居乐业，最能体现上述自然环境的就是荥泽的物产。

物产按谷类、蔬菜类、瓜果类、花木类、药材类、禽兽类、虫类、水产类等予以简述。

## 一、谷物类

谷物类主要有黄豆、青豆、红豆，小麦、燕麦、荞麦、芝麻等。

## 二、蔬菜类

蔬菜类主要有葱、韭菜、蒜、茄子、葫芦、芹菜、莴苣、苘蒿、芫荽、眉豆、苋菜，菠菜、藕、花椒等。

## 三、瓜果类

瓜果类有西瓜、南瓜、甜瓜、王瓜、丝瓜、菜瓜，枣、梨、柿子、石榴、桃子、李、杏、葡萄等。

### 四、花木类

花木类有牡丹、芍药、菊花、葵花、鸡冠花、凤仙花、木槿花、刺玫，椿树、榆树、槐树、柳树、柏树、桑树、楸树、桐树、杨树等。

### 五、药材类

药材类有荆芥、薄荷、地骨皮、五加皮、防风、杏仁、葛花、艾、蜜等。

### 六、禽兽类

禽兽类有猪、牛、羊、鸡、鸭、鹅、雀、燕、狗、鼠、兔等。

### 七、虫类

虫类有蜂、蛇、蝇、萤、螳螂、蚯蚓、蜻蜓、蝎虎、蜘蛛、蟋蟀、蜗牛等。

### 八、水产类

水产类有鲤鱼、鲫鱼、田鸡、乌龟、鲤鱼、鳅鱼、鳝鱼、鲶鱼、鲢鱼等。

# 第二章　物质文化遗产

## 第一节　世界文化遗产

2014年，中国大运河入列世界文化遗产，成为中国第46处世界物质文化遗产。通济渠郑州段作为中国大运河的重要组成部分，也在申遗名单之列。从此，位于郑州北区荥泽古城畔的索须河河道成为郑州市区范围内唯一一处世界文化遗产，这片古老的土地文化底蕴更为深厚，成为郑州市一道亮丽的风景线。

大运河通济渠段世界遗产标识牌

中国大运河通济渠郑州段是隋唐大运河的重要河段，位居中国大运河枢纽的郑州北部黄河南岸，西连河洛接洛阳，东连江淮达扬州。

中国大运河通济渠郑州段位于郑州市惠济区北部，现河道被称为索须河，西起惠济区北部的丰硕桥，向东在祥云寺村汇入贾鲁河，全长约 16 千米。其引黄河水的一段长约 4 千米的河道，北起黄河南岸惠济区北部牛庄大王庙，流经惠济桥、铁炉寨村，在堤湾村注入通济渠后东折。现存地面上的通济渠荥阳故城段河床宽 200 ～ 300 米不等，河堤宽 20 余米，顶宽 7 米，河面宽 40 ～ 70 米不等。由于历史上黄河多次变道，数次湮没运河古道，引黄河水入渠的河段河道已经深埋于地下，只有现存南部的通济渠荥阳故城河段仍存于地表，并发挥着泄洪排涝作用。

中国大运河通济渠郑州段

中国大运河通济渠郑州段历史悠久，是我国北方地区最早的、沟通黄河与淮河两大水系的运河遗存，是我国开凿较早的运河之一，也是我国古代最早的、在黄淮平原上沟通黄河与济、汝、淮、泗诸河的水道交通网。隋代，中国大运河通济渠郑州段是通济渠的枢纽，经唐、宋王朝不断的疏浚维护，全段发挥作用直到金元之际，经历了1500年左右的沧桑风雨，反映了中国运河鼎盛时期的状况，是中国大运河的杰出代表。此后，元、明、清时期疏浚的贾鲁河等河流也多利用运河故道，是我国北方地区自战国至今2600多年运河开发利用史的见证。2014年6月22日，中国大运河被公布为世界文化遗产。

# 第二节　全国重点文物保护单位

## 一、荥阳故城

荥阳故城最早建于战国初期，位于古代荥泽、鸿沟西北岸，城垣略呈长方形，为钟鼎形状，大部尚存。西城墙自古荥镇西北隅南伸至纪公庙村以东，南城墙自纪公庙村南临索须河向东至古城村东；北城墙自城墙西北角东到钓鱼台村；东城墙已毁，仅存东北拐角。故城南北长2230米，东西宽约2000米，周长约7500米。现存城墙最高处11.6米，基宽30米。西城墙有3处缺口，当为城门遗迹。

荥阳，因位于荥泽之阳而得名。东有鸿沟通淮泗，北依敖山临黄河，南面遥望京索，西过虎牢关接洛阳，地势险要，为南北之绾毂、东西

荥阳故城西城门缺口处

之孔道。春秋时，晋楚称霸中原，曾鏖战于此；战国时，秦拔荥阳置三川郡，为郡治并设敖仓于敖山；秦末农民起义军领袖吴广曾奉命监攻荥阳；楚汉之争，双方曾屡据荥阳，刘邦取敖仓之粟扼项羽于荥阳东，终以鸿沟为界中分天下。历史上，这里为兵家必争的战略要地。

维修后的荥阳故城西城墙

荥阳秦汉时即是富冠海内的天下名都，曾是三川郡郡治之所，东汉时属河南尹，三国魏、晋时属荥阳郡，北魏初属荥阳郡，后汉属东恒农郡。北魏孝文帝太和十七年（公元493年）城废。郦道元著《水经注》时，称之为“荥阳故城”。隋代设荥泽县延续到1953年，撤县并入郑州市。城内东北部为粮仓，东部高地属官署，南部为居民区。城外发现了汉代冶铁遗址，出土有金铜货币、铜器、铁器、陶器等，是一座典型的因运河而兴衰的城市。

2006年6月，荥阳故城被国务院公布为全国重点文物保护单位。

## 二、郑州市古荥汉代冶铁遗址

郑州市古荥汉代冶铁遗址位于荥阳故城西门外，是建于西汉中期汉武帝时代的河南郡第一冶铁工场，也是世界上已发现的保存最完整、技术最先进、规模最庞大的古代冶铁遗址，在世界冶金史上占据着重要位置。该遗址面积12万平方米，在遗址核心区有两座规模较大的炼炉遗迹，东西并列，相隔14.5米。其中1号炼炉，炉缸为椭圆形，炉基深3米，炉壁厚1米，面积8.5平方米。复原后高6米，容积50立方米，日产铁约1吨。炉前清理出大小不等的13块积铁，最重的约23吨。在炉子周围发掘出水池、水井、矿石堆、四角柱坑与鼓风管等一套完整的冶炼系统。同时出土很多熔炉耐火砖和大批陶模，陶模大多可以搭配成套，展示了汉代铁器铸造的工艺流程。遗址出土的铁器质量优良，并根据产品性能做了柔化处理，铁器和陶模上多有“河一”铭文。古荥汉代冶铁遗址高炉是我国目前发现的汉代容积最大的炼铁高炉，代表了我国汉代

1号炼铁炉

矿石加工场

的冶铁水平。遗址东南临鸿沟，为古运河水系的主要通道，炼铁所需矿石等原材料及产品，大多由运河水系输入和输出，成为大运河工业文明的重要标志之一。2001年6月，古荥汉代冶铁遗址被国务院公布为全国重点文物保护单位。

### 三、汉霸二王城

汉霸二王城，所属时代为秦，为第七批全国重点文物保护单位。

汉霸二王城位于荥阳市广武镇汉王城和霸王城两自然村，北濒黄河，周围沟壑纵横，为秦末汉初著名的军事堡垒。汉王城、霸王城（古

代分别称为西、东广武城）中隔广武涧，相峙于广武山上。两城的规模较大，虽然由于黄河水的长期南侵冲刷，致使北城墙全部及城内大部分陷入河水，但部分东西城墙和大部分南城墙仍较好地保留了下来。汉王城现东西长 515 米，南北长 190 米；霸王城现东西长 319 米，南北长 340 米；城墙最高 10 ~ 15 米，最宽约 30 米。城墙采用分段版筑夯成，夯层较厚，遗物主要为陶器和铜兵器。陶器有绳纹板瓦片、筒瓦片和饰绳纹的盆、圜底罐等。铜兵器有镞、矛、戈等，其中 2 件有铭文的矛、戈，均为战国晚期韩国兵器。

战马嘶鸣

汉霸二王城，自古就是一处军事要地，更因秦末汉王刘邦与霸王项羽在此大战争夺天下而闻名，对研究我国古代军事史，特别是楚汉战争史具有重要价值。

汉霸二王城

## 四、小双桥遗址

小双桥遗址出土的青铜构件

小双桥遗址位于河南省郑州市西北 20 千米处的石佛乡小双桥村及其西南部，是一处大型商代都邑遗址，年代相当于商代中期较早阶段。该遗址规模较大，占地约 4 平方千米，文化内涵较深厚，具有都邑遗址的性质。小双桥遗址的发现与发掘，拉近了郑州商城早商文化和殷墟晚商文化的距离，在一定程度上填补了商代中期考古研究的空白。

2006 年 5 月 25 日，小双桥遗址被国务院公布为第六批全国重点文物保护单位。国内学术界认为，小双桥遗址的性质有两种：一是商代中期中丁之隞都，郑州商城是商代早期之亳都，商代中期，中丁自郑州市

小双桥遗址的朱书陶文

中心的郑州商城迁都于此；二是商代早中期的祭祀遗址。小双桥遗址与郑州商城白家庄期商文化同期，与中丁自亳迁隞的记载吻合；小双桥遗址出土的山东岳石文化器物，与中丁伐蓝夷的记载吻合。

## 五、西山古城遗址

瓮棺葬

西山古城遗址位于河南省郑州市惠济区古荥镇孙庄村西山自然村西部，枯河北岸台地上，遗址面积约16万平方米。西山古城遗址于1983年文物普查时发现，1993 ~ 1996年经多次发掘，此处遗址文化层厚3米左右。该遗址出土有墓葬、瓮棺、房基、陶窑、灰坑和一批陶片、石器，属仰韶文化遗存。近些年，在这里又发现了属于仰韶文化晚期夯土建筑城垣的西山古城，古城平面为不规则的圆形，现存西墙北段、北墙和东墙北端，长约

西山遗址出土的陶器（一）

265 米，并有西门、北门遗存。西山古城遗址距今约 5300 年，是当时国内发现年代最早、建筑技术最为先进的早期城址。这在我国古代建筑发展史上是一件具有里程碑意义的大事，它开启了大规模城垣建筑规制的先河，其建筑方法、形制结构无疑对我国古代城址的建筑产生了深远的影响，显示了巨大的社会进步性和创造力。西山古城遗址的发现不仅对于探讨我国早期城市的起源，而且对于研究华夏早期文明的起源和形成及中原地区在其中所起的历史作用都具有非常重要的意义。

西山遗址出土的陶器（二）

## 六、后庄王遗址

后庄王遗址位于郑州市中原区沟赵乡后庄王村东北 300 米处的岗地上，北邻索须河，为仰韶文化中晚期遗址。该遗址东西长 250 米，南北宽 200 米，面积约 5 万平方米。1958 年和 1976 年进行两次发掘，发掘面积约 600 平方米，发现有灰坑、墓葬等遗迹，出土有陶、石、骨、角、蚌器等遗物。陶器多泥质灰陶、夹砂褐陶和泥质红陶，少量白衣彩陶和绘红、黑彩的彩陶片。器形有鼎、罐、盆、钵、尖底瓶等。

该遗址文化遗存分上、中、下三层。下层、中层相当于仰韶文化中期；上层属于仰韶文化晚期，部分遗物如镂空足盆形鼎、彩陶碗和内折沿敛口矮圈足豆，应属于大河村类型。

后庄王遗址

## 七、大河村遗址

大河村遗址位于郑州市东北郊大河村西南 1 千米的漫坡岗上，是以仰韶文化、龙山文化为主，兼有二里头文化和商代遗存的古聚落遗址。该遗址东西长 700 多米，南北宽约 600 米，面积 40 多万平方米，文化层堆积厚 7 ~ 12.5 米。大河村遗址于 1964 年被发现，1972 年至 1987 年，前后共发掘 21 次，揭露面积约 5000 平方米，清理各个时代的房基、灰坑、墓葬等遗迹，出土大量生产工具与生活用具。房基建筑方式各异，有着明显的时代特征。其中一号房基的墙壁高达 1 米，属新石器时期仰韶文化晚期建筑，为目前国内同时期仅存的房基。出土陶器主要有红陶黑彩、白衣彩陶等。彩陶片上绘有各种天文图像，如太阳纹、月亮纹、

大河村遗址出土的天文图像彩陶片

星座纹、日晕纹等。该遗址文化遗存延续时间达 3300 多年，其中，大河村四期文化被考古界命名为“大河村类型”。

大河村遗址的发现和发掘，为研究原始氏族制社会到奴隶制社会漫长的历史过程提供了重要的实物资料和确凿的地层证据，为研究中原地区和黄河下游及长江流域诸原始文化的关系提供了依据，也是我国古代民族大融合的历史见证。

## 八、青台遗址

青台遗址位于荥阳市广武镇青台村东，南临旃然河（今名枯河），为仰韶文化中晚期遗址。该遗址面积近 10 万平方米，文化层厚约 3.5 米。本遗址于 1923 年被发现，1981 ~ 1988 年多次发掘，揭露面积 4200 平方米。发现文化遗存分为三期，有房基、窖穴、陶窑、墓葬等，出土有陶、石、骨、蚌、玉、角器等一大批相当珍贵的文化遗物。经测定，一期约相当或稍早于庙底沟早期，二期约与秦王寨类型早期相近，三期则与秦王寨类型晚期相同。

青台遗址是一处仰韶文化中期一直延续到晚期的文化遗存，是仰韶文化庙底沟类型中带有郑州鲜明特点的文化遗存，尤其是遗址内发现的丝织物遗存将我国丝织物纺织史上推至5500年前。

青台遗址

# 第三节 河南省文物保护单位

## 一、荥泽县城隍庙

荥泽县城隍庙，位于荥泽故城西北角，是河南省文物保护单位。

据清乾隆年间《荥泽县志·城池图》载，荥泽县城隍庙为三进院落，由山门、仪门、大殿、寝宫组成，是一处规模宏大、金碧辉煌的古建筑群，总占地26100平方米。大部分殿宇已毁，现存大殿、月台，明嘉靖、万历年间碑刻两通，清乾隆年间铁香炉一尊、寝宫基础等。中心建筑威灵殿坐北朝南，东西长18.4米，南北宽12.8米，面阔5间，进深4间，为单檐歇山式建筑，屋面覆琉璃瓦。城隍庙大殿出檐深，挑角高，墙壁厚，做工精，建筑法式为明代，是郑州市保存最好的明代建筑，为中原地区古建筑之精华，具有很高的历史文物价值和建筑艺术价值，庙内现存的明嘉靖时期碑刻是反映黄河变迁和运河文化的实物见证。

荥泽县城隍庙威灵殿

荥泽县城隍庙已列入国家大运河通济渠郑州段附属单位项目，经过进一步的保护维修工作，是荥泽古城内的重要人文景观和道教场所。

## 二、纪信墓及碑刻

纪信墓及碑刻，所属时代为汉，为河南省文物保护单位，位于荥阳故城西门外，大运河通济渠荥阳故城段（索须河）北岸。

纪信（？—公元前 204 年），汉高祖刘邦大将。汉王三年，刘邦屯兵荥阳，项羽率兵围攻，汉军粮绝。危急中，将军纪信为汉王刘邦献计：“事已急矣，请为王诳楚为王，王可以间出。”刘邦用其计，从西门遁走成皋。项羽得知刘邦已逃，怒焚纪信，后人葬残骸于此。

纪信墓墓门朝东，地面现存圆冢高约 9 米，周长 120 米。该墓系用 300 多块空心砖扣砌而成，分墓道、两主室、北耳室和小耳室。其中墓道长 18 米，自东向西渐低深入地下 2.65 米；墓室外圹长 11.5 米、宽 4.5 米；耳室长 6.7 米、宽 1.65 米；小耳室长 2.3 米、宽 1 米；空心砖饰柿蒂纹图案，纹饰清晰，结构完整。虽经多次盗挖，仍出土铜器、铁器、玉器、陶器和车马饰件等文物 300 余件。

纪信庙山门

纪信墓墓冢

纪信庙碑林

在墓冢西侧，树立着唐、宋、金、明、清和近现代碑刻30余通，由历代名人题诗、赋词、撰文，赞颂纪信兴汉之功。其中唐初书法名家卢藏用撰文并书丹的“汉忠烈纪公碑”最为珍贵，距今1300多年。另有国民党元老于右任等在抗日战争期间在此撰文立碑，以歌颂纪信的忠烈精神，激励军民的抗战斗志，对当时我国的抗战局势起到了重要的作用。于右任有“当代草圣”之称，其作品亦具有极高的书法价值。

纪信墓及碑刻是通济渠郑州段中反映我国忠烈思想的重要遗址，是中华民族爱国主义文化传承的实物载体。

### 三、敖仓城

敖仓城，所属时代为秦汉，为河南省第七批文物保护单位。

敖仓城位于郑州市惠济区古荥镇黄河桥村的广武山上。城址北临黄河南岸断崖，西与荥阳市交界，东抵黄河游览区，依山而建，平面呈不规则形，现存南城墙、西城墙。秦筑敖仓储粮，筑城以护仓，因而得名。汉刘邦三年（公元前204年），刘邦与项羽对峙荥阳（今郑州市西北部），筑甬道取敖仓粟以支军，相持岁余。《史记·高祖本纪》载：“汉王军荥阳南，筑甬道属之河，以取敖仓，与项羽相距岁余。”即指此。其后数代亦设仓于此。唐柳宗元《与李睦州书》：“盐东海之水以为咸，醯敖仓之粟以为酸。”文献记载，秦置敖仓于此，曰敖仓城，是秦汉之际楚汉争夺的军事要地，并且该城址在运河史上具有重要的历史地位和价值。

秦汉第一名仓——敖仓遗址

## 四、黄河第一铁路桥

黄河第一铁路桥，所属时代为现代，即公元1903年，为河南省第七批文物保护单位。

黄河第一铁路桥，位于郑州市惠济区古荥镇黄河桥村黄河游览区内，由比利时人设计、承建，该桥兴建于清光绪二十九年（公元1903年），于1906年4月建成通车，是我国第一座横跨黄河南北的钢体结构铁路大桥，桥长3015米，横跨黄河两岸，有102孔，原设计载重为E-35级。1926年、1927年、1938年、1944年，该桥多次遭军阀毁坏。

郑州黄河第一铁路桥（旧桥）

1948 年对桥加固，更换为苏式梁。1949 年 12 月至 1952 年 7 月，又先后五次加固桥梁，运输能力比 1948 年提高 36 倍。1952 年 10 月 31 日，毛泽东主席视察大桥。1958 年 7 月，洪水冲断大桥，后新建京广铁路黄河大桥，此桥备用。1987 年 7 月，为防止老桥阻水，以利防洪，拆除老桥上部钢梁，保存南端 5 孔 160 米，立碑纪念，作参观用，目前保存良好。

郑州黄河第一铁路桥，是我国较早的黄河铁路桥，从建成通车到作为历史文物，共经历了 84 个年头，为我国经济发展做出了突出贡献，具有重要的科学价值和历史价值。

# 第四节　郑州市文物保护单位

## 一、惠济桥

惠济桥位于郑州市惠济区大河路办事处惠济桥村中部偏东北。它是隋唐大运河上的一座历史悠久、造型优美、结构合理，且具有重要艺术价值与科技价值的三孔拱券石桥。

惠济桥始建于元末明初，现存有明代“重修惠济桥龙岩寺碑记”。碑文载“国朝初，我荥泽惠济桥艮维旧有寺一区，枕峙河浒，扁曰龙岩，相传古刹也”。出土文物有陶片、瓷片、铜钱、瓦当等，为研究惠济桥的始建年代、历代重修经过，当时的社会、经济、文化、贸易、村庄变迁等提供了实物依据。

惠济桥

维修后的惠济桥

"惠济长桥"又为荥泽八景之一，有"地钟人文萃物华"之美誉。清顺治十六年（公元1659年）《荥泽县志》称"碧栏石瓮，势若长虹。附属者烟火千家，往来者贸迁万种，民未病涉，诚一邑之雄镇也"。

惠济桥是运河故道上的一座历史悠久的石拱桥，千百年来，作为运河上人们往来交通的重要纽带，自元末明初建至今，仍在使用，已有600年左右的历史，是我国桥梁建筑的奇迹和精华，是中国大运河通济渠郑州段重要的历史见证。

## 二、郑庄遗址

郑庄遗址位于郑州市惠济区古荥镇郑庄村西约100米的台地上，是一处西周时期的聚落遗址。

该遗址东西长300米，南北宽200米，面积6万余平方米。文化层堆积一般在1～2米，最厚处达4米以上，文化遗迹有陶窑、灰坑、墓葬等。在遗址范围内，地面上散存大量的陶片和少量的骨、石、蚌器等。采集遗物主要是陶器残片，陶质以泥质灰陶为主，夹砂灰陶次之，还有夹砂红陶等。陶器表面多饰绳纹，还有部分弦纹。器形有夹砂红陶鬲、盆、豆、瓮、簋、器盖等。1987年3月1日，郑庄遗址被郑州市人民政府公布为第一批市级文物保护单位。

## 三、岔河遗址

岔河遗址位于古荥镇西南3000米的岔河村东北。这里是索水、须水两河流域，西来的索河与南来的须水在此交汇，而后向东流，称为索须河。该遗址即在河北岸的畴野上，海拔 100 米。

岔河遗址发现于 20 世纪 80 年代，东西长 560 米，南北宽 330 米，面积约 18 万平方米。

遗址地表 0~0.9 米为近现代淤土层和汉代文化层，0.9~1.5 米为商代文化层，1.5~1.7 米为夏代文化层，共发掘商代灰坑 5 座，夏代灰坑 9 座，形状有近圆形、不规则形、长方形三种，前两种都是圜底，它们是取土坑，后转用作垃圾坑，后一种直壁、平底，是人们有意识创制的垃圾坑。

出土器物以陶器为主，另有少量石器、骨器、蚌壳、螺蛳壳等。其中夏代器形有鬲、鼎、罐、盆、簋、豆、大口尊、瓮、缸、器盖、杯、环等，商代器形有鬲、鼎、罐、盆、簋、豆、爵、觚、大口尊、甗、甑、瓮、缸、器盖、纺轮、环等。研究表明，夏代遗物相当于二里头文化三、四期，商代遗物相当于二里岗文化一、二、三期，两者系叠压关系，说明夏、商易代，岔河遗址的村民并没有离开。

岔河遗址西距大师姑夏代古城 3000 米，东距小双桥祭祀遗址 3500 米，在夏代，它是大师姑夏代古城东边重要的外围据点，在商代又成为小双桥祭祀遗址的坚固屏障，地位的重要性不言而喻。

### 四、古荥公社影剧院

古荥公社影剧院建于 1958 年的“大跃进”时代。当时的古荥人民公社党委接上级通知，毛主席视察七里营后将视察古荥公社（后因故取消）。党委为向毛主席报喜，动员全公社的泥瓦匠边设计边施工，日夜不停，用一周时间建成了这座规模宏大的建筑物，时称“古荥人民食堂”。该食堂

古荥公社影剧院

坐南朝北，面阔34米，为仿苏建筑模式；大厅进深9米，主食堂阔24米，深47米（包括主席台12米），是20世纪50年代前后政治、经济发展的缩影，20世纪60年代，改名为“古荥人民会堂”。20世纪70年代后期，更名为“古荥公社影剧院”。

### 五、孔氏家庙

孔氏家庙位于郑州惠济区古荥镇南街路东，周围为居民区。

孔氏家庙始建于北宋大中祥符二年（公元1009年）。祥符元年（公元1008年），宋真宗赵恒封泰山、过曲阜，赐孔氏后人许多钱帛，问及孔子后人有无迁至外地，随行告知随驾的参军孔晃即为孔子之后，孔晃一支自唐代中期居住在荥泽古城时，即令留守王羽腾在荥泽为孔氏建家庙一座，给田12顷，用以祭俸其先祖唐代兵部尚书左丞孔戣及宰相鲁国公孔纬等历代人氏。当时家庙的规制为棂星坊门一座、前戟门三间、祀殿三间；庙内设书院一所：前门一座、二门一座、正房三间、左右庑六间，结构宏伟，绘饰华然。此后这里就成为荥泽孔氏守坟奉祀和祭祀先祖的家庙，俨然为荥地大观。

孔氏家庙（一）

孔氏家庙于明弘治初年（公元1488年左右）和嘉靖十四年（公元1535年）两次重修，后毁于明末战火。清雍正十三年（公元1735年）仿样重建大殿三间、前堂三间、照壁一座。乾隆十年（公元1745年复修棂星门和院墙，乾隆四十一年（公元1776年）增设东西庑殿，直

孔氏家庙（二）

到嘉庆二十四年（公元 1819 年）重修后，孔氏家庙才恢复旧观。

光阴荏苒，二百年弹指一挥间。经过清末及民国的战乱，孔氏家庙又陷于破败之地，现仅存大殿三间，清代石碑两通，古柏两棵。

大殿为砖木结构，硬山式、上起脊，殿内前有檐柱。殿南北长 7.75 米，东西宽 11 米；月台宽同大殿，南北长 4 米，高 0.6 米。

2008 年 10 月，孔氏家族在郑州市古荥汉代冶铁遗址保护管理所、古荥镇政府、古荥村村民委员会的协助下，对大殿进行加固维修，并修建院墙。

庙内原有宋大中祥符二年（公元 1009 年）碑，详细记述了建庙经过。碑额正面为小篆十三字，用两行竖写："宋建河南广武原宗圣家庙碑记"。字两端有线刻云朵，右托日，左托月。碑边是线雕阴纹图案，绘莲花、芍药等花卉，高 1.9 米，宽 0.6 米。

## 六、古荥李氏民居

古荥李氏民居位于河南省郑州市惠济区古荥镇古荥村东西大街南部，九街路东。民居原南北长约 70 米，东西宽 30 米，为三进院落，现存房屋有第三进院落的上房及东西厢房等。上房坐北朝南，为硬山式建筑，东西长 15.5 米，南北宽 5.8 米，为五间三层楼，其中底层为地下室。正脊筒饰连枝花卉浮雕，垂脊为双复式花脊，屋面覆小板瓦，墀头为精细砖雕牡丹图案，其工艺采用减地凸雕手法，图案花纹具有很强的立体感。下层明间置青石铺门石、青石门砧、青石门槛和青石抱柱，雕圆拱门额，额上雕云纹日月，下雕山石花卉，左右次间开砖雕棱窗，上层开砖券小窗。东西厢房皆为硬山式建筑，二层小楼，面阔三间，长 10.5 米，宽 5.1 米。屋面覆灰色小板瓦。厢房的门居中，东厢房的门窗形制与西厢房不同，西厢房的门窗形制与上房的相同。据李家老人讲述，他曾听祖辈们说是由于东厢房曾失火烧毁，后来又修缮，所以与西厢房和上房的门窗形制迥异。古荥李氏民居始建于清雍正元年（公元 1723 年）十二月，其宅院多次改（修）建。

古荥李氏民居

近些年由于李家分家，已将院落分给数个后代。只有三进院的上房和东西厢房保留了建造时的原貌。二进院已经被拆掉，建成现代化的电梯楼房。一进院由户主个人出资进行了改造装修，保留了当时的房屋结构。但是房屋内部地面铺了木质地板，外墙进行了粉刷，外貌有所改变，多少违背了古建筑修旧如旧的保护原则。但是作为普通百姓，有保护文物的意识已经不容易了。一进院房屋内的家具也多是从古董市场淘来的仿古家具（或者可能就是清代的古董家具），较大程度地保留了清代的室内摆设风格。

## 七、大唐故赠安州都督郑府君碑

大唐故赠安州都督郑府君碑

大唐故赠安州都督郑府君碑位于郑州市惠济区古荥镇岭军峪村南部约150米。碑高2.87米，宽1.08米，厚0.25米，碑身篆书“大唐故赠安州都督郑府君碑”，碑文字迹风化剥落严重，记载了郑仁恺的事迹及其夫人的个人情况，此碑刻于唐景云年间，为郑州市文物保护单位。此碑是郑州市保存较好的唐代碑刻之一。

## 八、古荥李小安民居

李小安民居，所属时代为清代，位于郑州市惠济区古荥镇古荥村东西大街南部八街西侧。主房坐西朝东，明三暗五，前侧屋檐下两端有砖雕，图案精美；南、北厢房各三间；东房（带门楼）也为明三暗五，正中一间为大门。房屋均为硬山式灰瓦建筑，木质门窗，古朴典雅。民居现存主房、南北厢房。

李小安民居俯瞰图

## 九、古荥刘广武民居

刘广武民居：刘广武先辈在清代曾任将军职位，故又称“刘将军故居”，位于郑州市惠济区古荥镇古荥村。现存上房，坐东朝西，两层，面阔五间，砖木结构，为硬山式建筑，小灰瓦覆顶。相传刘氏先祖于清道光年间随林则徐到广州参加禁烟运动，参与三元里抗英战役，官至将军，后林则徐被发配边疆，刘氏先祖被发配至荥泽县为民，代代相传至今。

1960 年春节，古荥公社古荥村幼儿园的小朋友，在刘将军故居门楼前为老人表演节目，拜年祝福。

刘将军故居 1960 年照片（右侧为刘将军故居当年情况）

现存刘将军故居中堂房屋的硬山墙

## 第五节 大运河文化与荥泽八景

古运河文化的繁荣既助推了秦、汉、隋、唐各个历史时期经济事业的迅速发展，又孕育了沿河两岸丰富的人文景观和优美的自然景观。荥泽县这座濒河而建的县城在尽到漕运事业发展义务的同时，又饱享大自然的惠泽，成就了流传千年的“荥泽八大胜景”（“荥泽八景”）：（唐）高宗祀忠，尽显“纪庙丰碑”之神圣；边韶树铭，倍感“黄河古渡”之悠远；重耳避祸，方兴“岳山耸翠”如仙境；（隋）炀帝南巡，尽享“隋堤烟柳”轻拂面；夕阳欲坠，映衬“鸿沟暮云”之苍茫；朝曦冉生，晖增“广武晴岚”之妩媚；舟往车返，一展“惠济长桥”繁闹景；牛羊欢叫，隐传“古城牧唱”祥和歌。千百年来，“荥泽八景”以其独特的魅力使许多帝王将相、文人墨客感慨抒怀，流连忘返。历史的烟云飘过千载，时代的更迭历经春秋。从“诗仙”李白，到田园诗人王维，其千古绝句令多少人陶醉；优美的“荥泽八景”是多少人的向往。“荥泽八景”延续千年，看它今昔对比，仍然引人入胜。

### 一、纪庙丰碑

汉高帝三年（公元前 204 年）五月，刘邦被项羽困于荥阳孤城，兵穷粮尽，内外阻绝，汉厦将倾。正当危急之时，将军纪信慷慨挺身，假扮汉王出东门诈降，以使刘邦从西门脱险。项羽发觉受骗，怒焚纪信，后人葬其遗骨于城西南隅。唐麟德二年（公元 665 年）十一月，高宗李治“次于原武，以少牢祭汉将纪信墓，赠骠骑大将军”（出自《旧唐书·高宗本纪》）。长安二年（公元 702 年），时任荥泽县令孔祖舜捐私俸，斫石采山，以旌忠烈，为纪信立碑。居民于纪公墓侧耕田

## 纪庙丰碑

焚身脱主义无双，日月争光血满腔。
奕代碑铭绵铁卷，茹椽祠宇灿银缸。
车系左纛心何壮，骑走西门气未降。
可叹重瞳频窘汉，空留残魄冷乌江。

历史上的纪庙丰碑

## 纪庙丰碑

焚身兴汉世无双，
忠烈遗风万古扬。
天赐灵石书锦绣，
地承丰碑昭典章。

如今的纪庙丰碑

时得一古石，磨砻俱镌，但无文字。石首雕六条螭龙，其生动之势仿佛有子丹碑法。询问当地老者，均告不知。府君深感纪公显灵，天赐神石，遂邀当时著名的辞书大家卢藏用为之作颂书丹。神来之石与神来之笔，相得益彰，构成了神奇高大的“纪庙丰碑”。唐天宝七年（公元748年），唐玄宗下诏为忠臣、义士、孝妇、烈女德行弥高者，亦置祠宇致祭（出自《旧唐书·玄宗本纪》）。随着纪公庙广殿彤宇的落成，“纪庙丰碑”更以其“神秘的色彩，奇伟的碑体，儒雅的铭文，俊丽的丹笔”而雄冠“荥泽八景”之首，令游人叹为观止。如今在“纪信庙”内，陈列有唐、宋、金、明、清、民国及现代碑碣30余通（块）。大小不同、高低不等的刻石或坐落于碑楼之内，或镶嵌在展廊之上，众撰文者尽抒对纪信忠烈精神的景仰之情，诸书丹者皆怀对英雄爱国情操的崇拜之念。铭文融诗、词、歌、赋多种文体，丹笔汇正、草、隶、篆各家法典。“纪庙丰碑”既是爱国主义精神教育的不朽教材，又是诗、书、史教学的第二课堂。

## 二、黄河古渡

滚滚黄河自黄土高原倾泻而下，落入下游广袤无际的华北大平原。在这中下游的交接处，河面开阔，水流平缓，依荥泽、靠岳山，可谓“南北交通之孔道，东西航运之绾毂”，是理想的天然渡口。码头处人来车往，一派繁忙，南粮北货，流通八方；河面上樯桅如林，白帆点点，橹桨劈浪，舟往船返。石门碑铭（东汉边韶撰书），屹立“荥口”（济水穿河、注荥泽水之口门），愈发显得古渡史之悠远；岳山群峰，倒映水中，构成一幅大自然优美的画卷。岸边客栈酒肆招揽生意的叫卖声，鸡、犬、牲畜的鸣叫声和着船夫的号子声好像一部抒情祥和而又不失热烈欢快的交响乐章。

## 黄河古渡

兴源森森锁云烟，波浪何曾候昔年。
岸夹长流拖玉带，舟横野渡拂珠藓。
利名客走洪涛里，南北人来古驿前。
一片平沙迷望眼，数峰倒映水中天。

历史上的黄河古渡

## 黄河古渡

飞流直泻落平川，
波涌浪翻险涡旋。
艄公奋力催舫进，
船客醉览皇室山。

如今的黄河古渡

## 三、岳山耸翠

岳山，又称敖山，位于黄河中下游分界线南岸，系黄土丘陵结构。其东扼黄河荥泽古渡口，西拒广武涧，南濒砾石溪，是历代兵家必争的险关要隘。岳山层峦叠嶂，群峰耸立，其主要山峰有五龙峰、骆驼岭、三皇山（又名三室山、皇室山，为商之敖都和秦之敖仓）、莲花顶、小顶山、云台峰。“巉岩壁立，群峰拱向，北枕黄河，南临陡涧，上有真武殿、吕祖庵，并三仙、广生二祠堂，下有玉皇阁、岳山寺及禅室、连天洞，古柏苍苍，群树葱葱。登斯岭也，俯观河流，远眺层峦，满目榴花，遍布沟岸、平原之间，人称为小桃源”（出自乾隆年间《荥泽县志·地理志·山川》）。尤其是当年晋文公避难之处的云台峰，云雾缥缈，若隐若现。游人驻足山下，仰望峰巅之虫王庙宇，只见庙起云端，云绕宫墙，好像仙山琼阁，令人神往。据明正德元年（公元 1506 年）《虫王灵应重修神祠记》载：土人相传乃春秋时晋文公避骊姬谮出奔，经宿于此，因名重耳，故号虫王。后霸天下，薨而为神，累有生前之显，遂立庙焉。置身群山之中，枣、榴清香扑鼻，令人陶醉。一丝清风，耳畔飘来晨钟暮鼓、鱼钹铃磬美妙之轻乐，和着悠悠的颂经，恍若进入人间仙境。登峰远眺，山川秀色尽收眼底；满山苍松翠柏，榴林枣丛；黄河如带，白帆若云，顿觉心旷神怡，充满诗情画意。

## 四、隋堤烟柳

隋堤即隋唐时期大运河的防护大堤。大运河广四十步，“谓之御河。河畔筑御道，树以柳”（出自《隋书·食货志》），是当时国家最主要的经济命脉。因堤柳系隋炀帝大业九年（公元 613 年）所植，百姓谓之“垂杨（炀）柳”。春日融融，夹岸丝柳如烟，垂若细瀑；皓月皎皎，水面柳影入画，隙缀玉盘。清风习习，柳丝袅娜轻扬，柔若秀发；细雨

## 岳山耸翠

天外长悬一嶂孤，平原纵目插云衢。

东瞻蓬岛时明没，西望崆峒乍有无。

近挹青芙堪作案，远描翠壁自成图。

嵩高亘古称维岳，万壑千岩境绝殊。

历史上的岳山耸翠

## 岳山耸翠

数峰高耸云雾间，
庙庵宫观雯中悬。
榴花似火松柏翠，
疑入蓬莱会诸仙。

如今的岳山耸翠

## 隋堤烟柳

隋堤一带绿阴成，盛得千条弄晚晴。
断续和烟枝掩映，参差曳水体轻盈。
莺声历乱争梭线，鱼浪沦漪入境行。
何事江都偏梦要，琼花一枝几枯荣。

历史上的隋堤烟柳

## 隋堤烟柳

隋家天子巡江都，
船经荥泽览胜图。
夹岸丝柳轻拂面，
不觉金鸡落西屋。

如今的隋堤烟柳

蒙蒙，柳芽晶莹倒挂，青翠芬芳。长堤吐菲春草嫩，偶现野芳点点；群贤尽享流觞韵，频传笑语声声。醉卧柳荫咏佳句；醺踞草地绘丹青。炊烟缭绕，疑为薄雾淡云；笛韵轻悠，恍似天籁雅音。飞燕穿林动，黄莺鸣翠柳，蝉隐枝头；跃鲤激清漪，蜻蜓点碧波，蛙戏莲萍。舟载南粮溯水重；船输北货顺流轻，好一派运河美景。

## 五、鸿沟暮云

鸿沟既是楚汉战争中中分天下的分界处，又是荥泽通江达海的主流河道。随着岁月的流逝、朝代的更迭，鸿沟愈发显得神秘诱人而令雅士抒怀、骚客忘返。残阳欲坠，晚霞给大地万物披上了“金装”，水波金光粼粼、耀眼炫目。暮云初上，呈千形百状，镶缀亮丽的金边。涌出层峦衔日远，叠成严垒接天低；岳峰倒映古泽暗，芦苇墨绿草色迷。牧童摇鞭、牛羊返圈、涂护林密、栖鸟喧啼。览名胜，凭吊昔日征战处，汉疆楚界已荒畦。中分天下的界河已成为历史的陈迹和运河沿岸的一大胜景，而中国象棋盘上“楚汉相争，鸿沟为界”的典故更激起人们对弈的乐趣和不尽的沉思。

## 六、广武晴岚

广武即广武山。登临山顶，极目远眺，只见晨曦东升、朝霞绚烂、岚烟缥缈、如同薄纱，群峰层峦、若影若幻；苍松含露枝叶尽披黄金甲，翠柏欲滴冠干皆着五彩衫；红墙碧瓦沐朝晖，土窑矮洞飘炊烟。庙观晨钟迎祥瑞，寺庵早课祈平安。黄河涌起千堆浪，白帆鼓动万里船。农夫肩镢牛羊跳，鸡啼犬吠百鸟喧。观此美景，令人感慨顿生，浮想联翩：昔刘项逐鹿，汉楚争雄，旌旗林立，箭似飞蝗。致生灵涂炭，遍野尸横，白骨累累，冤魂悲鸣。逢太平盛世，国泰民宁，故垒景胜，草木葱茏。

## 鸿沟暮云

鸿沟驻马听流澌，薄暮云收草色迷。
涌出层峦衔日远，叠成严垒接天低。
渐催牧唱牛羊行，深护林喧鸟鹊棲。
满眼兴亡凭吊处，汉疆楚界已荒畦。

历史上的鸿沟暮云

**鸿沟暮云**

晚霞辉映水中天，
凝伫河界望苍原。
本乃萁豆同根生，
相互摧残为哪般？

如今的鸿沟暮云

## 广武晴岚

广武山头感慨多，天晴岚色郁嵯峨。
朝曦直射层冰薄，暮霭横笼素练拖。
城前东西留战迹，岭迷高下隐樵歌。
英雄难免穷途哭，竖子成名奈若何。

历史上的广武晴岚

## 广武晴岚

晴空朗朗照丛山，
举头忽见二神仙。
岚烟环绕一片片，
婀娜多姿迷双眼。

如今的广武晴岚

## 七、惠济长桥

惠济桥是大运河通济渠郑州段上一座著名的石桥，东西走向，长约40余米，宽5米，桥洞3孔，青石结构。现古桥尚存并继续使用，是古运河两岸居民通行的主要通道。千百年来，惠济长桥以其宏伟的气势、俊美的身姿、精巧的建筑工艺和细腻的雕刻技法，就像一道绚丽的彩虹横跨运河两岸，成为当时交通运输的咽喉要道和古荥泽著名的胜景之一。桥上车水马龙，过往商旅络绎不绝；桥下流水潺潺，乌篷白帆首尾相接。两堍矗立桥楼，远远望去犹如城堡；河岸杨柳青青，莺飞燕舞，蝉歌蛙鸣。画舫内，才子佳人意绵绵；玄帝庙，善男信女求子孙。槐荫处，对弈俨如布奇阵；凉棚下，品茗恍似脱凡尘。长桥两端、大衢侧畔，既有酒肆、商铺、驿馆、货栈；亦有推销土特产、手工艺品和钉骡、马掌子的。由于往返于京都的各级官员、巨商大贾、文人骚客需中途食宿或弃舟换车以及中转货物，就应有港湾码头以供泊船之用，位于长桥东南侧不远处的堤湾（今堤湾村）应为当时的输场（转输码头）遗址。20世纪六七十年代，该处遗址仍存古堤（隋堤），高约1.5米。

## 八、古城牧唱

古城，即古荥阳城，据史志记载，该城起于春秋，成于战国，盛于秦汉，废于北魏，历一千余年之辉煌。《水经注》称之为“荥阳故城”，乡人自称“古城”。随着古城的废弃，昔日的会盟台、点军台已变成了乡间的酒肆和肥沃的壤土；神圣的王城亦沦为绿色的田畴；叱咤喑哑的厮杀之声已演变为牧童那稚嫩的欢歌；将士手中拼搏的刀枪剑戟已转换成农夫顶笠耕耘的镢锄；践土台富丽堂皇的王宫已斑驳瓦坠而成为居民栖身的处所；秦皇构建的敖仓已被汹涌的黄河逐年冲刷而渐圮为滩涂。虽说古老的荥阳故城在社会动荡和朝代更迭的背景下渐失其重要的战略

## 惠济长桥

彩虹天半落何年，惠济佳名到处传。
已赖慈航能普渡，共遵王洛足周旋。
一川烂熳花成锦，两岸霏微柳拂烟。
车骑往来临碧涧，桥囱仿佛是升仙。

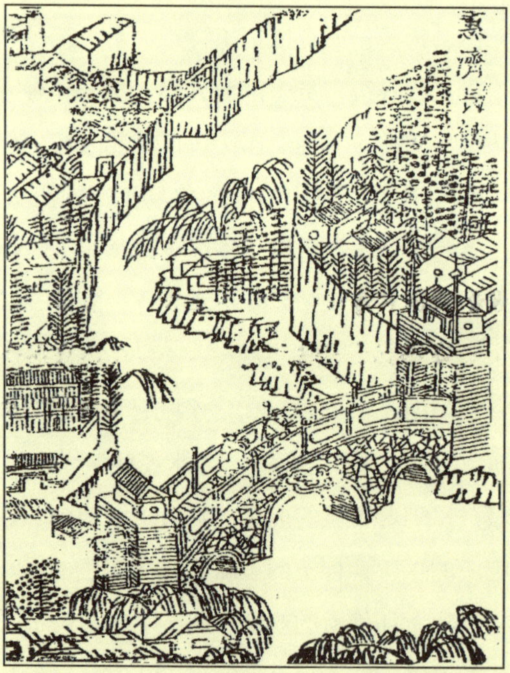


历史上的惠济长桥

## 惠济长桥

长桥飞架卧碧波，
疑是彩虹落天河。
凭栏远眺频惊叹：
美哉惠济胜景多！

维修后的惠济长桥

## 古城牧唱

楼台今日尽成墟，驱犊行吟得自如。
兴寄烟霞邀笛步，情耽水升浣花居。
谁信周室无朝会，莫问秦皇广积储。
千载雄图都已矣，一壶浊酒付樵渔。

历史上的古城牧唱

## 古城牧唱

汴河泛舟荡清漪，
对酒吟诵品锦鲤。
牧童欢歌田禾壮，
故城颓垒今胜昔。

如今的古城牧唱

地位，但是这座曾经闻名天下的千年古镇却在远离战争的太平盛世，呈现出一派百姓安居乐业的和谐景象。历经战争摧残的故城颓垒和充满蓬勃生机的田园风光相映成趣，构成一幅壮丽的美景：索须清流绕城下，村舍隐现葱茏间。农夫耕耘粟黍旺，跨牛牧童轻摇鞭。漫游“古城牧唱”之胜景，诗人王维情不自禁地赞曰：“泛舟入荥泽，兹邑乃雄藩。河曲闾阎隘，川中烟火繁。因人见风俗，入境闻方言。秋野田畴盛，朝光市井喧。渔商波上客，鸡犬岸旁村。前路白云外，孤帆安可论。”

# 第六节　特色庙宇与建筑

## 一、郑州市轧花厂、水塔

郑州供销社古荥轧花厂工业建筑——轧花车间、轧花厂仓库、轧花厂办公楼、轧花厂水塔，位于郑州市惠济区古荥镇荥阳故城西北角。20世纪60年代，古荥是棉花盛产时代，曾吸引十余位国家领导人到此参观。此四栋建筑是典型的20世纪60年代建筑，反映了20世纪60年代古荥农业经济状况和工艺水平。

（一）郑州供销社古荥轧花厂工业建筑——轧花厂车间

郑州供销社古荥轧花厂车间建筑面积1229平方米。

郑州供销社古荥轧花厂车间

（二）郑州供销社古荥轧花厂工业建筑——轧花厂仓库

郑州供销社古荥轧花厂仓库建筑面积 1588 平方米。

郑州供销社古荥轧花厂仓库

（三）郑州供销社古荥轧花厂工业建筑——轧花厂办公楼

郑州供销社古荥轧花厂办公楼建筑面积 442.5 平方米。

郑州供销社古荥轧花厂办公楼

（四）郑州供销社古荥轧花厂间建筑——轧花厂水塔

郑州供销社古荥轧花厂水塔高 22 米。

郑州供销社古荥轧花厂水塔

## 二、程庄土地庙

程庄土地庙位于郑州市惠济区古荥镇程庄四组，民国二十五年（公元 1936 年）修建，占地面积为 169.456 平方米，经过长时间的风雨洗涤，饱经风霜，已出现倾塌现象，在 1995 年全村群众又重新翻修，是典型的古庙宇建筑风格，反映了我国寺庙建筑的地方特色。

程庄土地庙

## 三、朱庄土地庙

朱庄土地庙占地面积 50.814 平方米，位于郑州市惠济区古荥镇朱庄村。清道光十三年（公元 1833 年）建，清光绪十六年（公元 1890 年）进行整修，1994 年又整修；为典型的古庙宇建筑风格，建筑面积虽小，但木构架形态、彩绘都反映了我国寺庙的建筑之精美，独具我国文化的浓郁特色。

朱庄土地庙屋顶木结构

## 四、马村关帝庙

马村关帝庙占地面积 241.67 平方米，位于郑州市惠济区古荥镇马村，清道光十三年（公元 1833 年）修建，面阔五间，是典型的古庙宇建筑风格，反映了我国寺庙的地方特色，保存较好。

马村关帝庙

## 五、古荥龙飞凤翥庙

古荥龙飞凤翥庙位于郑州市惠济区古荥镇八街，占地22.5平方米，1940年修建，是荥泽南寿寺的延续。抗日战争时期，日本侵略者炸毁南寿寺建筑，古荥村民为激励当地军民的抗日热情，利用南寿寺残砖重建，起名龙飞凤翥庙，以表示男儿如龙，女儿如凤，英勇抗击日本侵略者。此庙建筑风格参照古代城墙金刚墙设计修建。

龙飞凤翥庙碑刻

龙飞凤翥庙

## 六、南王村王氏宗祠

南王村王氏宗祠位于郑州市惠济区古荥镇南村，修建于清康熙年间，建筑面积62.3869平方米，院落702平方米。2009年村民又自发集资对此宗祠重新整修，建筑风格，为二步梁、挡板式建筑，反映了百年以前古荥镇的建筑之精美。

南王村王氏宗祠大门

## 七、南王村关帝庙

南王村关帝庙位于郑州市惠济区古荥镇南王村，约建于明末清初，为纪念关羽所建造，建筑面积65.392平方米，院落1500平方米。该庙为百年以前的建筑风格，为二步梁式建筑，反映了百年以前古荥镇的建筑之精美。

南王村关帝庙

南王村关帝庙碑刻

## 八、孙庄孙氏宗祠

孙庄孙氏宗祠位于郑州市惠济区古荥镇孙庄，建筑面积75.6平方米，这是有史可查的明代第一个进士孙卓的故里，荥泽孙氏家族自明代荥泽县至今世代祭拜，是典型的清末至民国时代荥泽地方特色建筑，具有纪念先人和激励后代的意义。

孙氏宗祠碑刻

孙氏宗祠

# 第三章　非物质文化遗产

## 第一节　黄河澄泥砚

澄泥砚是中国传统工艺品和书法用具之一，它始于汉，盛于唐宋，迄今已有千余年历史。从唐代起，端砚、歙砚、洮河砚和澄泥砚被并称为“四大名砚”。澄泥砚是四大名砚中唯一一种由泥和成的名砚，它色彩多变，造型独特，在我国砚文化的历史长河中，澄泥砚占据着非常重要的地位，历来被文人墨客所推崇。澄泥砚具有“储墨不耗，积墨不腐、呵气生津，触手生晕、发墨而不损毫”的特点。黄河澄泥砚由河南省非物质文化遗产“黄河澄泥砚制作技艺”传承人王玲研制而成，制场位于古荥镇。

黄河澄泥砚

长期以来，王玲将传统制作技法与现代创作理念巧妙结合，使澄泥砚作品不但具备实用价值，而且采用含蓄、夸张兼具的创作手法令砚台生化出极其灵动的观赏价值，而深受书法家、收藏家的青睐。黄河澄泥砚系采用特种黄河胶泥加工烧制而成，其制作过程非常复杂，且因烧制程序及时间的不同，可使作品呈现出多种颜色，甚至一砚多色。在造型艺术上尤其讲究雕刻技法，作品有浮雕、雕塑、镂空等品种。由于澄泥砚使用经过澄洗的细泥作为原料加工烧制而成，砚体质地细腻滑润，犹如婴儿肌肤一般，故储水不涸、历寒不冰。

黄河澄泥砚作品

# 第二节　须河粮液

索须河、黄水在郑州惠济区荥泽古城东南师家河村交汇，北流西转向东汇入汴水的重要码头，千年演变，以范、侯、师、石、刘等姓氏几大家族组成师家河村。

须河粮液的酿造技艺传承人范书建，是郑州市惠济区古荥镇师家河村人，他家为酿酒世家，用纯粮酿造的须河粮液，成为郑州名酒，消费者将其誉为“郑州茅台”。

据传，当地范氏乃汉代军事家、政治家范增的后人，秦末楚汉相争，范增是项羽亚父，足智多谋，运筹帷幄，屡立奇功，后在楚汉荥阳大战

须河粮液

中被刘邦谋士陈平离间计所害，避离项羽，气病交加，抑郁而亡。据传，范增一生，颇爱酿酒，常自酿自饮以为趣，久而久之他自己便掌握了一套酿酒绝技，传于后人。范增死后不久，项羽兵败，刘邦建立了汉王朝，随范增征战沙场的范氏子弟流亡四方，其中有一支范氏后人便留在了今古荥镇东南方的索水与须水交汇处，即索须河畔的师家河村，开一酒坊，以谋生计，延续至今。范书建沿袭祖上传统酿酒技艺，结合现代科技的融入，潜心钻研，把原来的六粮纯酿原浆酒改良为现在的九粮纯酿原浆酒，取名须河粮液，使之口味更加醇正，醇香浓郁，绵柔适口，回味无穷。

范氏酿酒技艺流传千年，时断时续，特别是20世纪60至80年代，几乎绝迹。改革开放的春风吹绿了索须河两岸，须河粮液酒在索须河两岸淳朴的民风中，得以复苏，名冠中原，真是：远客闻香来，寻味到须河。醉入繁华夜，原是荥泽城。

## 第三节 养生铁壶

古荥汉代生铁冶炼、铸造技术的继承人王守继，苦心研究三十余年，虚心接受郑州古荥汉代冶铁遗址原博物馆长、中国文博专家张振明的指导，沿袭古荥古代冶炼技术，继承和发展了古荥汉代冶铁遗址的核心技术，采用濒临失传的“失蜡法”传统工艺，精心研究，以精品生铁为原料，铸造出以“汉代养生铁壶”为典型的一系列现代煮水器具。养生铁壶所用材料经酸化处理，清除了铁中杂质，提高了二价铁的有益释放，煮出的水为软水，有助于人体正常摄取铁元素，口感圆润甘甜，冲泡茶叶、饮品效果更佳。养生铁壶经过精心打磨，内壁光滑如玉，初次使用先将少许茶叶放入铁壶网内，加水煮约 10 分钟，使茶叶中所含的丹宁和铁壶溶解出的铁在铁壶内壁上形成一层“丹宁铁”皮膜，将更不易生锈，同时也去除了新铁壶的异味，如此反复两三次至水质清澈时即可饮用。

随着现代人物质生活水平的不断提高，对餐饮器具等日常生活用品也有了更高的要求，于是铝合金、不锈钢等材料取代了生铁、铸铁等传统应用材料，成为日常生活用品、餐饮器具等的主要材质之一，从感官和实用性上，都有了极大的发展进步；但从养生的角度上来说，它打乱了人的身体对铁元素的正常摄取需求，导致人体铁元素失衡，

养生铁壶（一）

养生铁壶（二）

继而增加了致病的风险。养生铁壶的再度问世，恰好填补了当下的养生空白。

我国铁壶的历史，有文字记载的可以追溯到秦汉时期，到唐代，经“茶圣”陆羽的推广，铁壶更成为十分流行的煮茶器具。随着我国唐代时与日本的交流频繁，各种工农业技术与日本交流，相互传播，我国的茶树，制茶、茶道、制壶技术被日本带回国内，逐渐在日本流行至今，并传遍东南亚。

古荥养生铁壶，工艺精美，成型细腻，经过精雕细琢，入目熠熠生辉。置于室内，使人感觉古朴淳厚、典雅大方。聚友品茶聊天，茶香萦室，心旷神怡，可显现主人雅致的生活追求。以养生铁壶馈赠挚友亲朋，不失身份。古荥汉代养生铁壶自汉唐至今二千余年，集养生、观赏、珍藏、馈赠于一身，成为荥泽古城独特的工艺品而享誉四方。

养生铁壶（三）

# 第四节　黄焖肉

古荥黄焖肉制作技艺的传承人赵宗鑫和李珂是一对姑表兄弟，师承古荥一带名厨赵三保，赵宗鑫是赵三保的近亲族孙，李珂是赵三保的近亲外孙。

黄焖肉是古荥特产，盛行于古荥一带，历经千载，技艺未曾失传。黄焖肉以剔骨精肉为基料，剁成肉馅与精品粉芡加葱姜蒜再加小磨油等20多种香料佐料搅拌成黏稠的糊状，上笼屉蒸至成型，也就是六七成熟的时候，揭盖摊上搅拌好的蛋液蒸熟，即可出笼。黄焖肉可热吃，可凉拌，可烹炒，软香适口，油而不腻，不碎不烂，为古荥一带酒席上的特色美味。

黄焖肉制作技艺历史悠久，相传可上溯至宋太祖赵匡胤时期，当时赵匡胤陈桥兵变，结束了五代十国的混乱，统一了中国，建立了大宋王朝，令御厨制作黄焖肉，寓意“黄袍加身”，以作纪念。赵匡胤死后经过数代皇帝，宋王朝开始由盛转衰，北寇入侵，开封失陷，国都南迁，皇室一支流落到了黄河岸边的古荥阳，苟且偷生。黄焖肉的制作技艺也就在现在的古荥镇代代传承下来，至今美誉不衰。经李珂的精心改良，精工制作，更加适应现代人的口味，又将黄焖肉、烧鸡、猪蹄等世传美食注册商标，精美包装后冷冻，销往北京、上海、广州、港澳等全国各地，乃至海外，生意越做越大，声誉越来越响。李珂将“古荥黄焖肉”注册商标，规模将扩大到海内外，为荥泽古城增光添彩。

宫廷美食黄焖肉

## 第五节　西汉炉火

“西汉炉火铸剑技艺”传承人贾怀进，男，汉族，1982 年生，河南郑州古荥镇人，是我国古代九大名剑之一宛冯宝剑第七代传承人，有“中国古法汉剑复原第一人”之誉。他是中华姓氏贾姓研究会河南分会副会长。他制作出的宛冯宝剑系列产品销往全国各地，甚至远销欧美等国家。

宛冯宝剑在《史记》中曾有记载，“天下之剑韩为众，一曰棠溪，二曰墨阳，三曰合伯，四曰邓师，五曰宛冯，六曰龙泉，七曰太阿，八曰莫邪，九曰干将”。可见，宛冯宝剑曾在 2000 多年前，就是我国九大名剑之一。

据记载，宛冯宝剑因宛人于冯池铸剑而得名，距今已有 2700 余年的历史，后因中原战乱，技艺失传。冯池，位于今郑州市西北 20 千米处的古荥镇冯庄以北、小李庄以南，其遗址和溪床遗迹尚存。

贾怀进锻铸的宛冯宝剑

在冷兵器时代，古人出于“集天地之灵气，纳日月之精华，取山泉之幽冷，铸无敌之剑魂”的本意，多选依山傍水之地建所置坊、铸制兵器。因此，位于广武山之阳、黄河水之阴，濒池泉淬火之便利、傍荥泽输运之快捷的“冯池”便成了铸剑师的首选之地。

近年来，贾怀进在研究古荥汉代冶铁遗址专家张振明指导下，潜心研究、深度挖掘，继承了汉代冶铁锻打技艺，特别是西汉中晚期至东汉早期的钢铁冶炼技术，以自古至今的古法冶炼、锻打，以及纯古法的淬火研磨等技法，将“秦汉炉火铸剑技艺”发挥到了炉火纯青的地步。由于受我国传统文化中“剑衬儒雅气，驱邪镇宅安”之说的影响，以及宛冯宝剑系纯手工制作，蕴含浓厚的文化气息和无限的涨值空间之刺激，“西汉炉火·宛冯宝剑”一直是国内藏家争抢的畅销品，其精品远销欧美等国。

## 第六节 苌家拳

苌家拳，又称苌门拳、苌家锤，是我国传统拳术之一。由清乾隆年间原郑州汜水县苌乃周（公元 1724~1783 年）先生所创。苌乃周自幼博学，苦习搏击之术。后潜心研究《周易》，洞彻阴阳起伏之理，创拳立派，成为技术精湛的武术实战家和伟大的武术理论家。

苌家拳内容丰富，文武并重，形气合一，刚柔相济，技法独特，是中华武术宝贵遗产的重要组成部分，迄今已有近 300 年的历史。2008 年 6 月 7 日，苌家拳经国务院批准列入第二批国家级非物质文化遗产名录。

苌家拳派，论著颇多，理法精微，独具特色。《重修汜水县志》记其“潜心《周易》，洞彻阴阳起伏之理……作《中气论》以明其会归，其中炼气之术，纵横开阖之妙，均发前人所未发”。苌乃周的《中气论》是古代武术典籍中第一部着重讲究并明确记述内练精气的拳学专著，创立了一整套内练功法与学理。

苌乃周以“培养中气论”为拳学立论，这在武术发展史上堪称首创之举。作者强调了内外兼修、动静结合，练形以合外，练气以实内的论点，倡导武术要“形气合练”的基本思想，明确提出了“气力根本在于聚精会神”。

独特的“阴阳论”以中医经络、脏象学说为依托，紧密结合拳势运作特点，研究经络气机与拳势转换间的动态平衡关系。

苌乃周的“三尖六合”的论述是见之于文献最早的。“三尖照，则无东斜西歪之患；三尖不照，则此牵彼扯，必有摇摆之失。”“学拳脚与手合，手与眼合，眼与心合，心与神合，神与气合，气与身合，再无不捷妙灵活处。”

内劲撒放窍要。苌家拳不仅十分重视中气的培养，而且还注重练习者练成内劲，并掌握内劲发放之技巧，用来克敌。“似梦地着惊，似悟道忽醒，似皮肤无意燃火星，似寒侵占膝打战悚。想情景，疾快猛。”

苌家拳第二代传承人之一部二年是清代荥泽县邵庄村人。

## 第七节　古筝斫制

古荥古筝制作技艺传承人陈永成，是河南省驻马店市确山县人，自1982年来到郑州，受荥泽古城数千年丰厚文化感化，在古荥镇制作古筝、古琴。其外祖父家是古琴乐器制作世家，承名师指点，技艺绝伦，其作品深受文艺界赞誉。陈永成天资聪慧，心灵手巧，30多年来呕心沥血，苦心钻研，使古筝、古琴的传统制作技术有了长足的改良发展。

郑州市非物质文化遗产奖牌

古筝是我国古代宫廷乐器，盛行于唐宋时期，后来逐渐流传到民间。古筝、古琴的传统造型有伏羲式、神农式、仲尼式、连珠式等。其音域广阔，演绎风格粗犷豪放，渲染力极强。陈永成在继承先辈传统制

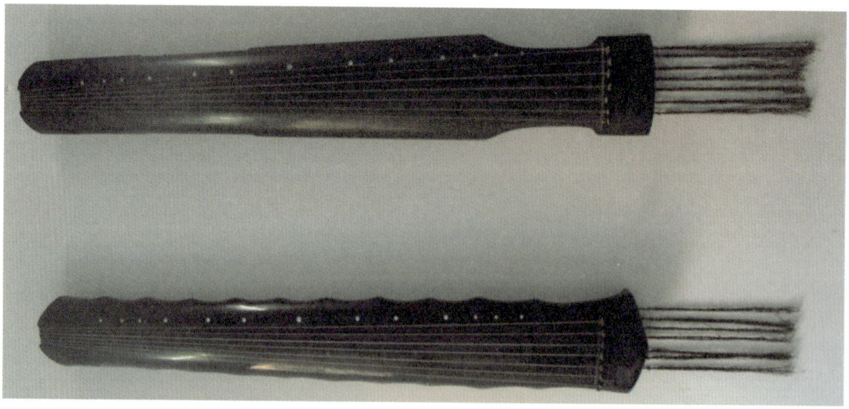

陈永成斫制的古琴

作技艺的基础上进行了大胆创新，把传统的13根弦、16根弦改制成现行的25根弦，使其作品音色更加委婉雄浑，音质愈发纯正亮丽，动人心弦。作品以梧桐木、桐木、杉木、楸木、梓木和檀木为基础材料，经选材备料、底板制作、面板制作到安装置足、打眼装弦、沐漆合琴，再附以雕琢修饰等三百余道工序，历经年余，古筝方告完成制作，展示在古荥城隍庙前的古木琴坊，成为荥泽人古代音乐传承与发展的基地。

河南省非物质文化遗产奖牌

## 第八节　任更顺烙画系列

任更顺，烙画艺术家，非遗传承人，现为中国群众文化学会会员，河南省民间艺术学会副秘书长，烙画专业委员会主任，河南省文化产业研究会常务理事。

任更顺出生成长于河南省郑州市惠济区一个“文化特色乡村”，其烙画艺术为祖传，自幼耳濡目染祖辈作画，痴迷绘画艺术、雕塑艺术等，之后从事烙画艺术事业，突破性地将美术知识和绘画理论应用于烙画艺术。仅凭一支烙笔，就能挣脱色彩的局限，一改以往烙画呆板、媚俗的风格，使其既有浮雕的效果，又不失国画的韵味，给人以华丽、空灵的美感，使烙画成为独立的画种。尤其在云、雾、雪的表现上，更能显现出烙画的独到之处。任更顺以其不媚俗、独创性在全国烙画领域独树一帜。

自2001年以来，任更顺烙画艺术先后被国家及地方媒体连续报道，艺术成就已入编《中国艺术名家》《河南省民间艺术家大辞典》《郑州

枫木胶合板烙画：江山多娇（任更顺烙画一）

胶合板烙画：牧马图（任更顺烙画二）

文化建设》《郑州地方志》《郑州非物质文化遗产名录》等文献，多次举办个人画展。其作品曾获首届河南省知名文化产品荣誉，首届郑州市旅游设计大赛铜奖，郑州市第七届、第十一届、第十二届、第十三届、第十四届优秀文化艺术成果奖，被加拿大、法国、德国、日本、葡萄牙、韩国等国家购买收藏，分别在2012~2013年参加了中韩和中法两国、两党文化交流。

金丝楠木烙画：惠济长桥（任更顺烙画三）

胶合板烙画：高山流云（任更顺烙画四）

目前，任更顺成立了“古城烙画艺术村”，创办了烙画艺术展示馆，为更好地传承烙画艺术，响应民俗文化进校园的号召，任更顺烙画艺术讲座先后走进郑州师范学院、河南牧业经济学院、河南艺术职业学院、中州大学等，目前为郑州市艺术工程学校、惠济区师家河小学、惠济区文化馆烙画特聘教师，自 2008 年以来长期义务培训村民和师家河小学生学习烙画技术，在非遗传承方面做出了突出贡献。

## 第九节 宋代瓷器

在2007年全国第三次文物普查中，郑州市文物部门在索须河北岸、郑州纪信庙南，发现一处宋元时期遗址（见中华人民共和国不可移动文物目录，河南卷·郑州市·惠济区·41010880115161 0005·纪信庙南遗址），遗址上分布众多的文物遗存，其中最有代表性的是黑瓷片等出土文物。

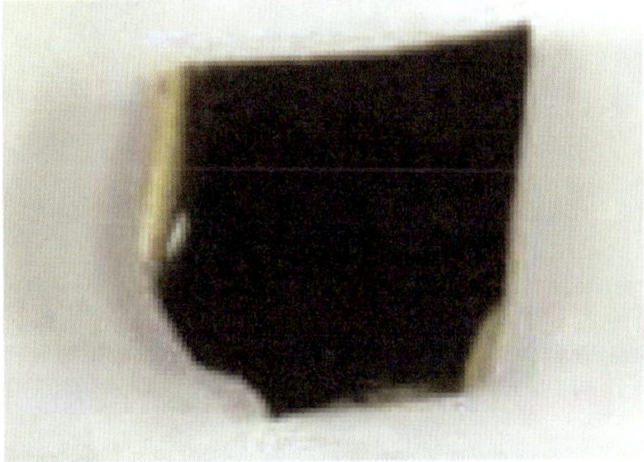

宋代窑址出土的黑瓷片

这处宋元时期的遗址与汉代纪信庙窑址南北相邻，两处遗址的出土文物有区别，前者以宋元残留瓷片为主，后者以汉代陶片为主，实际按照两处遗址的距离，相距不到500米，应是汉代开始烧制陶器，烧制技术延续到宋元时期，随着时代的进步，陶器烧制技术的发展，到宋代烧制出了以黑瓷为代表的瓷器（纪信庙窑址位于荥阳故城西门外偏南约1000米），这种陶瓷烧制技术也是荥阳故城在汉代前后近千年间“富冠海内，天下名都”的真实写照之一，也是中国大运河通济渠郑州段沿岸重要的工业遗产之一。

李磊，男，1978年生人，祖籍荥泽，先祖是荥泽一带有名的瓷器艺人，代代相传。到1966年前，曾祖父和祖父还是荥泽烧制砖瓦的大师级人物，方圆百里，不断有业内人士前来请教烧制古代砖瓦技术。

祖人言传身教，李磊自小就对瓷器的烧制由好奇到热爱，高中毕业就毫不犹豫地选报了艺术专业，主攻雕塑与瓷器专业，与瓷泥结下了不

李磊仿制的宋代黑瓷

解之缘。大学毕业后，他赴江西景德镇、河南神垕、河南灵宝等地学习深造，20 年来瓷器制作的理论和实际制作技术与时俱进。

2016 年，李磊开始对荥泽古城宋代瓷器进行研制，在对纪信庙宋代窑地多次考察的基础上，对在窑地发现的宋元黑瓷等器物残片进行深入研究，功夫不负有心人，李磊 20 多年的苦苦探索终成正果，荥泽古城宋元时期的黑瓷技术正式面世。

# 第四章　名门望族

荥泽古城天设地造的自然山水和五千年丰厚的历史文明，造就了无数英雄人物和达官显贵，代代都有名门望族名扬后世，主要有周、郑、孔、程、孙、李、张等名门。

## 第一节　周氏家族

大运河通济渠郑州段东端，是通济渠与贾鲁河交汇处，与贾鲁河呈三岔口状，西北岸是京水村祥云寺，河南岸两河交汇后成东南流向，成一河湾，古称河湾村，现称大河村。大河村以周姓众多，乃运河岸边一望族。按2000年版《周氏族谱》记载：周氏一支在郑州分布范围广，人口12583人，大河村139人，沿郑州大运河通济渠郑州段，自荥泽古城经大河村到中牟县官渡村两岸分布，郑州水磨周村人数最多，达1359人，口口相传是周姓入郑的最早居住地。

周氏族谱

现在郑州市经济技术开发区第七大街北端，有周氏宗祠。宗祠大门上有楹联一副，上联是：功震南闽绰有亚父宗风，下联是：威镇东山垂范敦颐祖德。横批：世德显杨。周亚父是周勃之后，为汉代名将，周敦颐为北宋贤臣，一文一武彰显周姓历代名人。

周氏宗祠门楼的对联，则说明了周氏一族所居的地理位置，楹联是：

傍河枕嵩灵秀管城育古今世代贤士

启后承往本支苗裔扬文武千秋德名

两副对联将周氏一支的历史予以简要说明，亚父即为先祖，周敦颐即为宋代人，中国理学开山之祖，他的理学思想在中国哲学史上起到了承前启后的作用。傍河即汴河，管城，即郑州前身周代所立管城。

周氏宗祠大门楹联

楹联说明周氏自周代就居于管城汴河，世代名人辈出之望族。

亚父，乃汉代名将周亚夫，汉代开国功臣周勃之子，以将入相，名震华夏。《史记·绛侯周勃世家第二十七》记载："绛侯周勃者，沛人也。其先卷人，徙汴。"【集解】徐广曰："卷县在荥阳。"【索引】曰："卷县属河南，地理志亦然。然则后置荥阳郡，而卷隶焉。"周勃随刘邦起义，身经百战，攻胡

小双桥村附近周勃墓

汉宰相周亚夫故里碑

陵、击章邯、战秦军于濮阳、杀李由于卷城，过武关破秦军于蓝田，至咸阳、灭秦。刘邦为汉王，封周勃为“威武侯”，奉为将军。楚汉荥阳之战，守广武山上的敖仓，追击项羽于垓下。汉高祖刘邦定天下，建立汉王朝，封周勃为绛侯，封食邑八千一百八十户，侯位世世相袭；后因功迁太尉、丞相。

汉文帝十一年（公元前 169 年），周勃死，文帝择其子贤者继承他的侯位。周亚夫当时任河内太守，被选中，继周勃爵位，封为绛侯。亚夫初为将军，驻守咸阳，以治军严而被文帝称为“真将军矣”。汉景帝三年（公元前 154 年），迁升为太尉，击吴楚叛乱，会兵于荥阳，与反王刘濞互为攻守三个月，斩吴王刘濞，平东南之叛乱，威名盖朝野，升迁为丞相。

周勃、周亚夫父子二人，生为国家尽忠，死后眷恋故土卷县（即荥阳），周勃葬大运河通济渠郑州段南岸、汴河南支的南岸小双桥（记载见明嘉靖年间《郑州志》，清乾隆年间《郑州志》）。据传，周亚夫葬运河北岸之原武镇，此处曾属古代卷县，即是《史记》记载的“周勃，沛人”，沛县为江苏沛县，“其先卷人”，就是先祖是卷县人，“徙汴”，就是迁到汴水，汴水之源，就是现在郑州西北荥泽一带，由荥阳管辖。1986 年，国防部长张爱萍为周亚夫故里题词“治军严明，一统大业”。

通济渠郑州段沿河两岸周姓，实际是周勃、周亚夫二位丞相的守陵人，世代相传至今，河湾周氏绵延两千余年，至清末民初，仍人才荟萃，如清乾隆五十九年（公元 1794 年），朝廷为周氏传人太学生周士杰题“綱湯車禹”，予以表彰；民国六年（公元 1917 年），大总统冯国璋为赞扬周田氏（周自立太祖母）节德题“筠松勵節”，题字中间上部有“荣典之玺”印，此印是民国时期国玺之一。“綱湯車禹”“筠松勵節”两块匾牌现存于大河村周氏传人周自立家中。周自立，1951 年生，在务

“綱湯車禹”牌匾

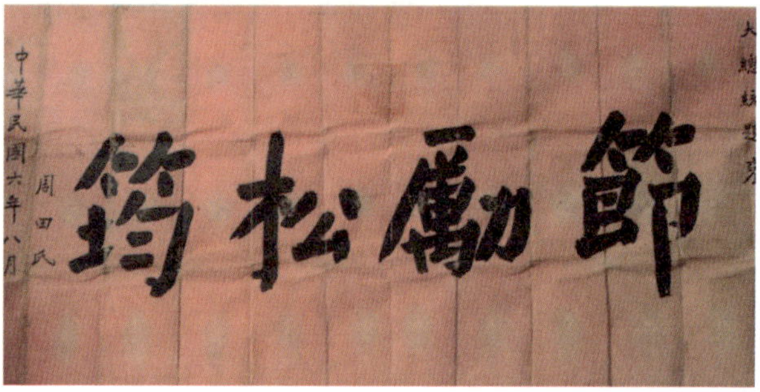


冯国璋题“筠松勵節”牌匾

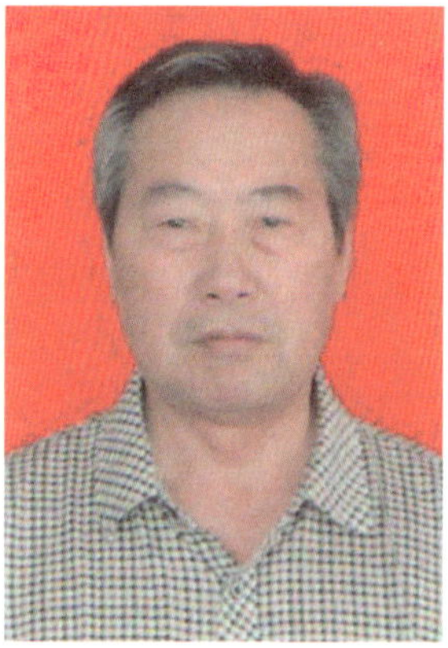

周氏传人周自立

农当兵工作之余，文物收藏是他一生的爱好，宣扬周氏先祖为国家做出的贡献，成为郑州运河两岸周氏家族传人。

河湾村历经千载，随着人口增长，后改名大河村，现有大河村遗址，是全国重点文物保护单位。

## 第二节 郑氏一门六宰相

郑氏祖系荥阳郑姓，自汉代至唐代，千百年间世代显贵，其家族所在地的荥泽古城，即今日的郑州市惠济区古荥镇所在，被称为“全世界郑姓的圣地”。时至今日，高大的“大唐故赠安州都督郑府君碑”仍巍然屹立在古荥镇北2公里的田野之中，距离石碑东北1公里的郑州市文物保护单位“郑庄遗址”，是郑姓族人的早期生活生产遗址，郑姓人已在这片古老的土地上繁衍生息了几千年。

斗转星移，历史更迭到唐王朝，荥阳郑氏走上了治理国家的最高权力机构——宰相府。

汉王朝至隋唐时期，荥阳郑氏是我国的著名大姓，二十四史的《三国志》收录郑氏名人四十个，《晋书》收录郑氏名人四十六个，《旧唐书》《新唐书》中涉及郑氏族人1373人，特别是《新唐书·宰相世系表》中，与荥阳郑氏有关的部分，收录郑姓人物1247人，其中表述血缘先祖43人，北祖郑氏936人，南祖郑氏255人，荥阳郑氏8人，沧州郑氏5人，这些被简称为“北祖”“南祖”“荥阳”“沧州”的郑姓都是荥阳郑姓的不同支流，是由于当官或者经商等原因而在不同的地方生息繁衍，久而久之就形成了郑姓的不同分支。其中的荥泽宰相一支，就是因为汉代至两晋时期的荥阳，到隋唐时期称为荥泽县，后人著新旧唐书，以及后世的地方志书籍，就称荥泽宰相或者宰相为荥泽人。

荥泽郑姓的第一位宰相叫郑珣瑜，在唐代玄宗和代宗两朝均为宰相。郑珣瑜的长子郑覃在唐文宗时为宰相，次子郑朗在唐宣宗时为宰相，父子三人位居宰辅之位，先后跨时达六七十年。

郑珣瑜堂兄弟郑余庆（二人祖父为郑长裕）在大历年间进士及第，

中进士之后曾两度为宰相，直到唐宪宗元和十五年（公元 820 年）在宰相位上去世，皇帝下诏封他为“荥阳郡开国公”。其子郑瀚，文宗时官至刑部尚书、左丞相。郑瀚子郑从谠在唐僖宗光启年间任宰相，继承祖父“荥阳郡开国公”的名号。郑余庆祖孙三代在朝廷居宰辅之位，与郑珣瑜、郑覃、郑朗父子三人在唐玄宗到僖宗历时 130 余年间先后为宰相。

郑珣瑜、郑余庆兄弟及其子孙即是郑氏士族名门，又位高权重，在唐王朝中晚期对唐王朝的治理做出了突出的贡献，影响深远。同时，加之同姓攀附，逐渐枝繁叶茂，形成了唐代官宦之间言必称荥阳（荥泽）的局面。郑氏士族死后多葬在了荥泽古城北的广武山塬，围绕荥泽古城（古荥镇）的北部、西部，东至郑庄遗址，西至广武镇董庄，北至枯河（砾石溪），分布着汉代至唐代千余年间的大型墓葬近百座。至今仍存陵墓两座，唐代大型碑刻一通，时代不详的碑刻六通，后文物考古发掘又发现两座大墓，是研究汉唐时期经济社会状况的实物，也是促进当地经济社会发展的文化基础。

## 第三节　孔氏家族

荥泽孔氏一支，至迟可上溯到唐代中期的孔巢父，为荥泽孔氏第一代。

（1）第一代，孔子三十七世孙。

孔巢父，字弱翁，孔子三十七世孙，自幼就学习刻苦，成年后首任左卫兵曹参军，三迁库部员外郎，再迁湖南观察使，又任荆襄副元帅，再随德宗皇帝任给事中（此时，与荥泽郑氏同朝为官），为河中陕西招讨使，多次向朝廷献攻破反贼大计，兼任御史大夫。后被反贼李怀光部下杀害，皇帝赠尚书左仆射，谥号“忠”。

孔巢父有从子三个：戣、戡、戢。

孔戣、孔戡、孔戢是亲兄弟，父孔岑父官至著作佐郎，巢父、岑父兄弟二人，父亲如珪，任海州司户参军。巢父无子，戣、戡、戢过继其名下，以利孔氏家族发展光大。

（2）第二代，孔子三十八世孙。

孙戣，字君严，擢进士第，以吏部尚书退休，七十三岁去世，谥号“贞”。

孔戡，字胜始，进士及第，官至东都尉，年五十七岁去世，追赠驾部员外郎。

孔戢，字方举，擢明经（科举考试分两科，一称进士，一称明经，都是选拔官员的考试科目），官至湖南观察使。去世后赠工部尚书。

（3）第三代，孔子第三十九世孙。

遵（温）孺、温质、温宪、温裕，孔戣子。

温业、温凉，孔戢子。

温业，字逊志，擢进士第，官至吏部侍郎。

孔纬画像

（4）第四代，孔子四十世孙。

孔纬，字化文，遵孺子，少孤，依靠叔父温质长成，擢进士第，两次任宰相。第一次相僖宗，第二次相昭宗。僖宗赐“持危启运保义功臣”，赠免死铁券，恕死十次。

孔纁，字号不详（孔纬弟）。

孔缄，字号不详（孔纬弟）。

孔纬、孔纁、孔缄三兄弟不但进士及第，而且都是进士第一，即状元及第。孔氏三兄弟是我国科举史上唯一的状元三兄弟。

我国历史上的科举制度自隋代开始，至清末结束。状元之名自武则天天授元年（公元 690 年）首创，科举考试后，将礼部考试录取进士的身份材料和成绩一起呈报给皇帝，皇帝亲自主持殿试，按殿试成绩，排在第一的称为状元。进士，是指学有所成的优秀者，是可以享受爵禄的。获得进京考试资格的人被称为“白衣公卿”，如考中进士便成为“进士及第登龙门”。历代进士在朝廷中成为显贵的十有六七，其余则成为著名学者或文学家。唐代进士每次科举考试录取三十名左右，经过在官场的历练，位极人臣的十有二三。各级官员官至宰相，“不中进士，终不为美”。唐代宣宗（李忱）皇帝对进士特别爱慕，在宫廷之上显赫自题“乡贡进士李显龙”。

孔纬少年丧父，与弟弟孔纁、孔缄皆依靠叔父温裕生活。三兄弟自幼勤学苦读，结交名士，声誉早成。

孔纬为唐宣宗大中十三年（公元 859 年）己卯科中进士第一人。

自唐代武则天设状元，到清代末，共有状元 653 人，其中唐代状元 155 人。

此次的考官是黄门侍郎郑颢，进士及第三十人。

孔纬考中进士后，在朝为官三十六年，官至宰相，史称“贤相”。

孔纁于唐懿宗咸通十四年（公元 873 年）参加癸巳科举考试，考官为礼部侍郎李昭，进士及第三十人。孔纁考中进士第一人。

孔缄于唐僖宗乾符三年（公元 876 年）参加丙申科考试，中进士第一人。此次考官是礼部侍郎崔沆，录取进士三十人，同中进士有郑谷、高蟾等名士。此次考试试题为：一、《王者之道加龙首赋》，二、《一一吹芋诗》，三、《涨曲江池诗》。

孔纬、孔纁、孔缄三兄弟自公元 859~876 年的十七年内先后考中状元，是中国科举史上唯一的三兄弟状元，真乃是：

千百名中有三仙，起于跬步上青天。
绿袍❶加身君恩重，皇榜第一杏花宴❷。
高车骏马玉为带，前程似锦荣乡田。

孔戣与韩愈友善，互为诗友，孔戣去世后葬荥泽广武山阳，韩愈亲写碑文以纪念。

孔温业与荥泽郑覃同朝为官，郑覃位居宰相，为官清正，推举孔温业、张次宗等人“准汉旧事，镂石太学，示万世法”。就是让孔温业等四人准确详记汉代朝廷法规，刻石立在太学，以示后人遵照执行。

---

❶ 绿袍：唐宋进士及第者皆穿绿袍，世称绿衣郎。

❷ 杏花宴：唐代进士及第者，皇帝在长安城东南曲江岸边的杏花园举行宴会，为进士们庆贺，史称曲江赐宴，又称“杏花宴”。

因唐代末期战乱，孔氏一支自巢父、岑父落户荥泽，去世后葬在广武山山南朝阳之地，世代延绵至今。

到宋代，真宗皇帝圣命荥泽留守王羽腾为荥泽孔氏一支建家庙以祀先祖。自此孔氏家庙香火不断，历朝历代维修扩建，至今世已传到第七十五世，家庙祭祀荥泽孔氏六进士三状元之位，家庙事务主事人为孔宪阳。

## 第四节　程氏家族

荥泽县城正面五里有程家庄，现称程庄，庄子中间有程氏祠堂。程庄代代相传，庄北有咬金坟，是唐代开国功臣程咬金的坟，2018年清明，惠济荥泽程氏宗亲理事会祭奠先祖，写对联称“唐国公程咬金为先祖”。还有一种说法是，程庄北一带古墓较多，杂草丛生，常有贼人出没，行人到此喊“要紧，要紧”，要结伴同行，赶快在白日下通过，不要有停留。有点文化知识的人说，程庄程氏一支是宋代程颢、程颐的后人，立宋国师程颢、程颐牌位以祭祀，但据史料记载，程庄程姓应是宋代程德玄后人。

### 一、程德玄

据《宋史·列传第六十八·程德玄》记载：程德玄，字禹锡，郑州荥泽人，子贲，孙继宗。顺治《荥泽县志·卷六·人物志》对程德玄的简介是：幼而颖悟，肆力为文，常与圣贤为伍。事太祖启宋，辅太宗守成。凡决大意、行大政、剖断如流。定遗诏于柩前，立长君于哀次，知无不为，言无不尽。累授金紫光禄大夫。检校太保，仗持节慈州诸军，事行慈州刺史，充本州团练使，兼御史大夫，上柱国广平郡开国公。河南程氏两夫子乃其分派。邑之将相乡程氏，皆其遗胤云。崇祀乡贤。

清顺治年间《荥泽县志·卷七·杂述志》载：宋开国公程德玄墓在将相乡左。

博兴卢洪撰录清顺治年间《荥泽县志》第26页的重修开国公程公墓祠：

大宋故光禄大夫、检校太保、使持节慈州诸军事、行慈州刺史、充本州团练使、兼御史大夫、上柱国广平郡开国公程公，于景德元年夏六月戊辰日，薨于东京之官第，踰明年正月丙子，归葬荥泽将相卿广武原大将军之茔，举故夫人济阴郡君戚氏柎焉，礼也。承奉郎、守光禄寺丞、直集院丁逊铭其碑，御书祗侯王垣书篆其额，其概已尽，毋庸重述。逮今三百年余，十六代孙侍周藩长阳县主仪宾程君守正字秉中者，住县省谒祠，诸歲久日就于废，欲焕而新之，未能也。乃伐石立碑，以垂不朽于后，俾后人观之，知所自也。谨按开国公姓程氏，讳德玄，字禹锡，其先颛项氏之后，为显宦，傅自公，遂家于郑之荥泽有年矣。公曾大夫讳方公，妣王氏；公大夫讳季万公，妣刘氏皆素履之往，隐德弗耀。公考讳师厚，温和嗜学，谨愿修身，禀异母之训词，礼无达者；抚既孤之庶弟，人无间然。志节可嘉，乡里推重，累赠至左千牛大将军。妣王氏，赠河东郡太君，从之贵也。公昆玉八人，次居其七，公幼而颖悟，肆力为文，不事家人产业，常与圣贤为伍，期勤劳与王家，值太祖之启宋也，朱书显瑞，亦伏受符，扫五代之猖狂，除四方之僭伪，保其家邦，康宁百姓，暨太宗皇帝方在藩维，见夹辅之新规，喜从容之新语，视为冀北之骥，丰池中之物。凡决大义、行大政，见事风生，剖断如流，众莫与侍，人所难逮至定遗诏与柩前立长君于哀次，知无不为，言无不尽，遂授金紫光禄大夫、检校司空、充东上阁门使，未几，领代州刺史，其冬，圜丘礼，成检校太保。四年，充行宫使，复充州团练使，判四方官事，余如故。六年，制云：入础禁庭，出参戎幕，如纶之命，钦哉！可崇信军节度、行军司马，起为慈州刺史。踰期月，前彼英豪仗信推恩，抚其部落，诏以便宜便宜从事，公守凤州，后知真定府。五年效烟，进封开国公，增食邑至二千四百户。景德元年春，四觐彤墀爰列九仪之位；对扬便殿，屡承三接之荣。公疾不起，犹手书收泪再缄，夏六月戊辰日而薨矣。公享年六十有五。有丈夫子八人，皆显贵，继志述事。女四，适名宦，事夫有责。公为人胸襟潇洒，风韵端庄，以诚接人，以孝事亲。其居侧微，竞守恭慎之仪；其立朝端，落落有难合之操。其生也，朝廷倚之以为轻重；其死也，百姓哀之如丧考妣。公之德如是，功如是，而寿乃如此，岂非名耶？噫！公死矣，公之后有人焉，犹不死也。天之欲兴程氏也，与何其子孙之多贤也。时际宋德隆盛，风气渐开，人文渐着，于是河南程氏两夫子出焉。有以接夫孔恤之传。于戏！首统之传，有自来矣，自尧、舜、禹、汤、文、武传之周公、孔子，孔子之徒，惟曾子用心于内，独得其宗，而传之思、孟轲，轲之死不得其传。至濂溪周氏元公茂叔，深挈道体，世不知之也。元公司理南安，开国公摄通守事，知其贤深与友善，遣二程夫子从学，卒能以其道倡天下，传后世，以至如今节赖之。是二程之公，不在孟子之下，而开国公之功，又岂不浮于二程者耶？二程祀孔庙之侧，天下之公，计道统故也。开国之祠，本源亦有待，安知后日之将来乎？翌日成名，又以待于后之君子，余因志开国公，故并志之，是为记。

程公德玄，先祖颛顼（皇帝的孙子，十岁参与政事，二十岁即帝位，在位七十八年），历代显宦已无法考证，传到程公德玄，已年久，程德玄曾祖程方，曾祖母王氏，祖程继万，祖母刘氏，父程师厚。德玄子程贲，大中祥符五年举进士，任太常博士。德玄兄德元与德玄同仁王府。德玄子继宗，任东头供奉官阁门祗侯，次子继宗，内殿崇班。

程庄程氏家族在宋代，因程德玄封开国公，孔庄孔氏家族在唐代官居宰相，二村合称将相乡，千年来人才辈出，荣辉乡里，造福一方。明清战乱时，祠毁碑失，家谱失传，无法考证。

## 二、程氏传人程相文

程相文，男，汉族，（1936年至今），河南省郑州市古荥镇程庄村人。

现任河南省鹤壁市农科院院长，玉米育种专家，享受国务院特殊津贴。

2012 年 2 月 14 日，在北京人民大会堂召开的国家科学技术奖励大会上，由国务院批准，授予“玉米单交种浚单 20 选育及配套技术研究与应用”国家科学技术进步奖一等奖。而“玉米单交种浚单 20 选育及配套技术研究与应用”（简称“浚单 20”），就是以玉米育种专家程相文为首的农科团队的科研成果。

当时，温家宝总理亲自颁发证书，作为项目负责人的程相文在人民大会堂上台领奖。

1963 年，28 岁的程相文来到浚县从事农业技术推广与研究工作。为了缩短玉米新品种的选育周期，加快育种进程，从 1964 年开始，他每年都到海南岛加代繁育玉米种子。从此，来回在河南、海南之间奔波，成了他固定的行程轨迹。为了选育出优良品种，程相文把全部心血都倾注到自己的工作上，每年的春节，他几乎都在海南度过，父母病重、爱人生孩子，他都没亲自陪伴、侍奉，只是寄点钱，安排他人照顾。

（一）“国字号”育种的无比艰辛

育种，是一项长期复杂的工作。选育出一个省级品种，从设计、选育、繁育到区域推广，要 12 年左右，而选育出一个“国字号”品种，则需要更长的时间。

自从 1991 年开始“浚单 20”亲本的选育以来，程相文基本上跑遍了全国的玉米种植单位。在选育过程中，有时为了获取某一项指标或数据，他在田间往往需要观察几个小时。对此，享受国务院特殊津贴的专家、鹤壁市农科院研究员张守林有体会地说：“有一次，为了考察玉米品种的抗倒性，我和程所长顶着风雨在地里观察。我们起初打着雨伞，后来风越来越大，雨伞打不住了，我们只好在地里淋了几个小时。”

凭着对玉米的痴迷、对育种事业的执着，在海南期间，程相文和工作人员一多半时间需要在田间地头浇水、施肥、除草，不仅要忍着蚊虫的叮咬，克服水土不服的不适应，还要精心观察苗情，仔细记录数据进行亲本选育试验，工作的烦琐和枯燥可想而知。

功夫不负有心人，经过六年的反复试验，程相文终于选育出了“浚9058”和“浚92-8”两个自交系，为“浚单20”的成功培育奠定了坚实基础。“累不累？发自内心地说，我认为是很累；辛苦不辛苦，也很辛苦。”程相文说，但是通过这么多年的努力，能选育出适合种植的新品种，能为农民多打粮食做一点事儿，我感到很幸福。虽然身累，心里不累。

（二）总理亲自为“浚单20”起名

“浚单20”先后创造了万亩核心区国内连片种植和全国夏玉米同面积最高产量纪录、全国百亩高产攻关田夏玉米单产纪录以及在黄淮海夏玉米区率先实现百亩玉米单产超过1000千克等多项纪录。目前，“浚单20”已成为河南第一大、全国第二大的种植玉米品种，累计推广面积达9200多万亩，获经济效益73亿多元。

“浚单20”让农民受益匪浅，而对它更多的了解，则源于温家宝总理对它的“命名”。

2011年1月22日，温家宝总理在鹤壁考察期间，来到鹤壁市农业科学院。看到程相文和他的同事们培育的成果：一个个黄澄澄的玉米种子，温家宝总理满心欢喜，赞不绝口。

在乘车返回鹤壁市区的途中，温家宝总理对当地负责同志说：“我给‘浚单’系列的玉米种子起一个新名字，叫‘永优’，我要手书出来，送给老程。”程相文玉米育种成果惠及千万家农民，享誉全国，这是程相文先生终生奋斗的结果，也是郑州通济渠的山水造就的优秀运河人才之一。程相文取得了显著成果而名扬全国，与其继承先祖学以致用的祖训密不可分。

## 第五节 孙氏家族

孙氏一支是荥泽地区名门望族之一，文献与碑刻记载自明代初由山西迁居荥泽县。到清同治十年（公元 1871 年），五百多年间，有记载传十三世。其村落在荥泽县城北的广武山南，起村名孙庄延续至今。孙氏祖茔地在村南右侧广武山文峰顶上，茔中先祖“丰碑林立，镌刻谱系，自有明洪武迄国朝雍正，凡十有三世，其间科第之蝉联，荐绅之卓著，以至生为循使。没祀乡贤，班班可考”。

孙氏先祖迁居荥泽县地定居孙庄时，一世孙卓于明洪武四年（公元 1371 年），即迁到荥泽县的第三年，赴京赶考，主考官为朝廷大臣吴伯宗，进士及第，殿试三甲七十七名，朝廷任命为宁陵县丞。百年后祀荥泽县乡贤祠堂。

孙氏宗祠记石碑拓片

二世孙得被皇帝赠封为承德郎，工部都水清史司主事。

三世孙俨，孙得子，明永乐十五年（公元 1417 年），参加丁酉科考试，被朝廷选为举人，俗称“中举”，被朝廷授官工部都水清史司主事，当时朝廷宣庙火灾被毁，奉朝廷命到四川征采木材，在征采木材的过程中，方法得当，既减少了朝廷开支，又节省了劳力投入，达到了事半功倍的效果。明成祖朱棣表彰他说“此纯臣也”，升任陕西布政使司右参政，勤勉于政事，卒于官任上。入祀荥泽县乡贤祠堂。

四世孙英，任陕西麟游县典史。

五世孙濂，参政孙俨的孙子，明成化四年（公元 1468 年）参加乡试考中举人。

五世孙淮，参政孙俨的孙子，孙濂的弟弟，岁贡（因品德高尚、学问好，在科举考试之外被朝廷施恩，赠选为贡生的明代选官制度）贡生，并任命为教谕。

六世孙珙，举人孙濂的儿子。朝廷恩拔（明代朝廷在科举选人之外，将有德有才的人选为官员候选人的制度，称为恩拔）副贡，并任命为南直江都主簿。

六世孙玲，教谕孙淮的儿子，朝廷施恩授予副贡的待遇。

七世孙良心，举人孙濂的孙子，明嘉靖十三年（公元 1534 年）甲午科举人，任山东济宁州知州。

七世孙良策，举人孙濂的孙子，任南直虹县训导。

八世孙重光，举人孙良心的儿子，恩拔副贡。

八世孙重华，举人孙良心的儿子，恩拔副贡，任陕西宝鸡县丞。

九世孙之鹏，县丞孙重华的儿子，岁贡。

十世孙愈贤，字愈谦，恩拔副贡，县丞孙重华的孙子，授山东华县知县。在任知县期间，他执政公平、不畏权贵，施政方针惠及鳏寡，照顾穷人，经常独自一人到田间看望农民，了解农耕要求，解决耕田植桑中的困难，经过数年鼓励勤耕政策，深得民心。乡民以耕田植桑、丰衣足食而称道孙知县。华县全县形成社会安定、人口增加、粮牛赋足的盛状，民众建耕亭赞美。朝廷考核，升陕西鄜州（今陕西富县）知州。孙知州到任不足一月，李自成率军围困鄜州城。孙知州督率军民，亲临城头参与守城，不畏箭创伤身，誓以死守。李自成攻城八个月而鄜州城巍然不动，李自成畏其威，引军自退。任期满，孙知州回归故里，鄜州人民如失慈母，归回当日，州府大道人满哭送，依依不舍，并为孙知州建生祠“知州愈贤祠”，刻碑以记功德，以志不忘。回归荥泽故里后著《华政记》，总结在华县任上的执政心得；著《御寇略》，总结在郦州任上抵御乱军的策略。

十二世孙为彩，字含章，知州孙愈贤的孙子。参加清康熙三十六年（公元1697年）丁酉科举考试，选为贡生，任汝宁府罗山县教谕，在教谕任上，他有了回乡办学的想法，所以经常考察民间教育，积累经验，任满回乡即进行举办私塾馆的准备。

清雍正五年（公元1727年），孙为彩变卖庄田，积全家财富，举办私塾馆，此时孙为彩的儿子孙承祖正当壮年，成为私塾馆建设的实际操办者。

十三世孙承祖，字克生，荥泽庠生（秀才一类有学问的人）。品行端正，行事方圆有度，和睦相邻，与事与物无争，得到荥泽知县唐绛祖的大力支持和乡绅的援助，正式开馆授徒。私塾馆在孙承祖的主持下，老师品德高尚，学问深广，培养出一批有教养的学生，深得官民称赞，与荥泽县学宫、人龙学院并称“荥泽三大书院”。

孙氏一支在有明一代延续到清乾隆年间，有据可查十三代传承，从明洪武年间孙卓进士及第，到清咸丰四年（公元1854年）孙承祖主办荥泽县私塾馆，近五百年间考中进士一位，举人三位，贡生八位，秀才若干，真是代代都有才人出。这十余位才俊，从家乡荥泽走进南京、北京、山东、陕西各地，从京官到知州、知县、主簿、参政、教谕、训导，足迹踏遍各级行政机构，整个家族已与祖国江山骨肉相连，事迹记录在乾隆年间《荥泽县志》中。

清代郑州著名学者孙庆昂（公元1825~1896年），咸丰五年（公元1855年）参加顺天科举考试，与后来成为西代帝师的翁同龢为同榜进士，曾任广西学政，福建兴泉永道因功进二品衔。孙庆昂是荥阳须水孙庄人氏，与荥泽孙氏之孙庄同根同源，于同治十年（公元 1871 年）二月应荥泽孔氏一支承恩、复兴、舒泰、金鼎、振清众族人所请，为荥泽创建孙氏宗祠题写祠记。孙庆昂尊祖敬宗之意尤威，遂提笔撰文，洋洋洒洒千余词记跃然纸上，以扬祖宗，昭示后人。

孙氏宗祠记，现存河南省郑州市惠济区古荥镇孙庄村北孙氏祠堂内。

## 第六节 李氏家族

根据《李氏家谱》[1]记载：李斌，在明初从军，后来参加靖难之役，因屡建战功，由小旗逐步晋升为千户，食邑就在荥泽县。他死后葬于荥泽县岗李村西南，即明武略将军李斌墓，并立有李斌将军墓碑。

李氏宗祠原在岗李村学校内，后因建教学楼拆除。教学楼建好后，祠堂搬到三楼。现祠堂内存有碑刻及神位石牌位五通。

李氏其中一支迁居荥阳故城南大街，繁衍生息，立有李氏家庙，家族十分兴旺。李氏民居建筑占地 200 余亩，坐落在古荥镇南大街路东、书院街路南、文庙街西，盐店街路北以及南大街路西、群房街路北的大部地区。

现存较完整的是李氏先祖顺治年间进士李玿的宅院，位于盐店街北侧，坐北朝南，南北纵深 79 米，东西横阔近 30 米，占地面积 2000 多平方米。保留房屋有上房、东、西厢房等。其中上房东西阔 15.5 米，进深 5.8 米，为五间三层楼，底层是地下室，为清代硬山式建筑。正脊脊筒饰连枝花卉浮雕，垂脊为双复式花脊。屋面覆灰色小板瓦，墀头

荥泽《李氏家谱》

李斌将军墓碑

❶ 选材于《荥泽县志·明史·李氏家谱》。

李氏宗祠

为精细砖雕牡丹图案，其工艺采用减地凸雕手法，图案花纹具有很强的立体感。下层明间铺青石门石、青石门砧、青石门槛和青石抱柱，雕圆拱门额，额上雕日月云纹，抱柱雕山石花卉。左右次间开砖雕棱窗，上层开圆券小窗，山头置八抹角亮窗。厢房由北向南保留有房屋三座，均为三间。其中东西两侧的房屋为二层小楼，屋门居中，阔 10.5 米、深 5.1 米。中间房屋阔 10.5 米、深 3.8 米，为单层硬山式建筑。顶厢房南山筑一青砖墙，中间建一门楼，为内院（后院）。内院外有东西厢房各两所，门楼装青石抱柱，上雕“福禄图案”浮雕，形象生动，栩栩如生，为石雕艺术珍品。

李氏故居

李氏故居建筑细部

荥阳故城李氏一支，属明、清两代荥泽县望族，沿郑州运河两岸声名远播，其中最有名的是李鸣德、李玿父子。

李鸣德，因照顾生病的父亲，奉养寡居的婶母的孝行，在清乾隆三年（公元 1738 年），被朝廷在荥泽县南大街设立牌坊进行表彰。李鸣德故事见下章传奇故事之李孝子千里葬父。

李玿，字郎玉，号豫充，是清顺治年间进士，任山西沁源县知县、大同知府。在任期间，他清廉爱民，重视教谕百姓、劝课农桑、赈济饥荒、剿抚山匪，孝敬父母、关爱子侄，被乡邻所尊重。

# 第七节 张纯良三代四杰[1]

## 一、公勤乐输——张纯良

张纯良，荥泽古城牌坊街（崇信街）人，生于明嘉靖年间，自幼赋性慷慨，结义济贫同窗，成人后经商，崇信诚义，家财渐丰，成为荥泽县巨富。纯良成为富商之后不骄奢、不淫逸、明大义，乐于周济乡邻。乡亲们有贫穷无力成婚的，死后无力埋葬的，张纯良知道后便会立即予以资助。张纯良资助的方法与众不同，他深知这样的穷苦百姓成婚或者埋葬死者后，短时间内很难还清欠下的债务，还可能因为债务而贫穷多年。因此，张纯良并不以借贷的名义帮助困难的百姓渡过难关，而是以礼金的形式将银钱赠与贫苦百姓，既够他们节俭办事所需，又免去他们因债务而带来的忧愁。

公元 1637 年，中原大旱，庄稼颗粒无收，饥民们蜂拥云集，不久便成了流寇，将荥泽古城团团围困，一围就是数月之久。荥泽知县伦之楷带领军民固守城防，以防遭到流寇的烧杀抢掠。此时城内粮食供应已经非常短缺，张纯良挺身而出，说道："城破无有家。"他最先将自家储存的粮食送到县府，供守城的军民食用。在张纯良的带动下，全城的军民有钱的出钱，有粮的出粮，有力的出力。就这样，荥泽县的官民们齐心合力，又挺过了一个多月的时间，流寇终于散去，朝廷将"公勤乐输"的美称赐与张纯良。

---

[1] 选材于《荥泽县志》。

## 二、进士及第——张吁美

张吁美是张纯良的孙子，自小受到家中崇尚读书风气影响，聪颖过人且悟性极高，好读书，杂学旁收，三教九流无所不通。在他 22 岁那年，参加乡试并取得了第 42 名的成绩。23 岁时参加会试，取得了清顺治丙戌科（公元 1646 年）会试第 26 名，在北京等待殿试时，不幸染病去世，一位少年英才就这样与世长辞。张吁美去世时，其子张严才满 2 岁。张吁美是清顺治年间编写《荥泽县志》的主要执笔人之一。

## 三、节孝楷模——张连氏

张连氏，荥泽县北连庄连登选之女。连登选，荥泽乡绅，他的贤名在荥泽县方圆数十里家喻户晓。他勤俭持家，以琴棋书画教育子女，被荥泽县举荐参加乡试为附贡。连氏自幼家教严格，品德行为俱佳，十六岁嫁给进士张吁美为妻，生子取名“严”。严两岁时，张吁美去世，此时张连氏年龄不足二十，便挑起了持家的重担，打理内外事务、商务，上孝长辈，下育幼子。舅姑去世，皆丧葬尽礼，含辛茹苦，亲自教育儿子张严，以夫张吁美手书令“严”读以警示，终使儿子成才入选贡生。清康熙三十七年（公元 1698 年），朝廷批准在荥泽县城崇信街张家大门前为张连氏建节孝牌坊以示旌表，并将张连氏列入荥泽县节孝祠。

后崇信街因张连氏节孝牌坊和沈氏节孝牌坊先后立于崇信街中段路东，相距十余米，民众感念张连氏、沈氏节孝事迹，请愿荥泽县知事，将崇信街更名为牌坊街，一直沿用至今，牌坊为石质结构，高大雄伟，毁于 1966 年。

## 四、发奋有成——张严

张严，字子敬，进士张吁美之子。两岁的时候，父亲就因病去世了。

五岁的时候，其母张连氏亲自教授张严父亲藏书。张严看到父亲在四书五经上的细密批语，读书心得，早已感动得泪流满面。此时，张家主人连年生病，家业逐渐衰败，到父亲去世，开始由母亲主持家务，渐渐入不敷出，家境一年不如一年。张严每次看到母亲憔悴的神色、恍惚的神情，心内不安，越发勤奋读书，以宽慰母亲心灵。清康熙五十三年（公元 1714 年），张严参加科举考试，考中贡生。

参加考试归来，看到母亲忙碌的身影、贫穷的家庭状况，张严决定不再参加科举考试，转而设账收徒，当起了老师，以此养家。对于母亲的节孝美德，张严认为应当立牌坊表彰，若不遂此愿，寝食难安。于是，他为显扬母亲美德，尽费家产，无怨无悔，终于得到了朝廷的允准，为其母张连氏建立了节孝牌坊。

荥泽知县徐止敬看中张严人品，聘请他为人龙书院掌教，并给予较高的礼遇。张严尊师重道、勤勉自强，能力人品得到了书院上下的一致好评，学生学有所成者甚众，一时在荥泽县城传为美谈。

## 第八节　弓氏家族

沿通济渠郑州段河床起点丰硕桥东行约 2 公里南岸，即弓寨村，现合村并城，村庄已拆除，现存三处明代建筑分南北间矗立，分外显眼，最南端的诗礼庭，紧临郑州北四环中段，大门前东西两侧，各立一通清乾隆皇帝敕封之石碑，更加重了它的庄严肃穆，这里就是郑州运河鼎族的弓氏家族所在地。

清乾隆皇帝敕封的石碑

郑州弓氏家族自清康熙五十九年（公元 1720 年）续修家谱，历乾隆四十三年（公元 1778 年）、道光二年（公元 1822 年）、道光二十二年（公元 1842 年）、同治八年（公元 1869 年）、光绪二十九年（公元 1903 年）、1932 年、2014 年八次修订家谱，历 294 年八次重修，编辑完整，资料丰富，内容全面，是郑州弓氏家谱的特点。

按弓氏康熙五十九年（公元 1720 年）家谱记载："家祖鲁（国）大夫叔弓之后"，汉代祖名"祉"，官至光禄勋，世居山西洪洞县，明初迁郑，居城北三十里，村曰弓家砦。

查《弓氏家谱》，自明代天启年间至清末，弓氏一族以文传家，向以"文魁"誉名，在科举考试中，考中进士

碑文拓片局部

三名，举人二十八名，监生九十名，郡庠生八十一名，名副其实辈辈自有名人出的家族。

有史可查者如：弓氏第六世弓省矩，少年以翰墨驰骋郑州，明天启乙丑（公元1625年）科进士，以进士授内阁中书舍人，出使高丽（今朝鲜），再迁吏部职选司主事，因公卒于京。

弓氏第八世弓杰，因慷慨多义，赡贫活众，其善不可枚举，于清乾隆十年（公元1745年）二月二十日，朝廷一日两旨，敕封弓氏第八世杰，及其夫人："惠周梓里""六行兼备"。有敕封碑，现立于诗礼庭大门前。

弓氏第十世翊清，嘉庆戊辰已巳联捷进士，历四川资阳、新宁、夹江、广元、内江、成都等县，升眉州知州，署嘉定、重庆、成都府事，并署理川东道，期间兴修水利，讼平民安。主修《四川通志》；整理《三

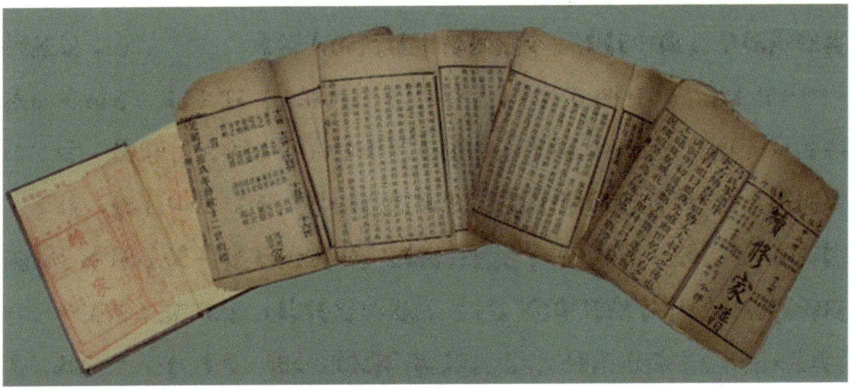

"弓氏家谱"

苏全集》，著《春曦堂诗集》，传诵至今，后人学其书画，成家族传统。

清同治八年（公元 1869 年），弓氏第十一世名嵩保，为重修弓氏家谱作序（弓嵩保，道光年戊戌科进士），弓氏本族自战国鲁文公之庶子，为其先祖，以降传至汉，唐至嵩保，人才辈出，世代祖传。

忧国忧民，功德行十余县之十一世嵩保。

仗义疏财者如十一世际熯。

玄壶济世之十二世锡侯。

修义桥渡行人之十二世燕侯。

鹤发全贞孝风烈烈之十二世仁之。

鼎盛书香开馆授人之十二世村桢。

办理商务、两袖清风，德政牌获得者十二世世爔。

割股肉而成饺，献婆母而心安之十七世风枝。

弃家创业的水稻专家，名扬国内外的十八世“好人弓盛梅”。

弓广森书法“龙行天下”，飘逸洒脱，该“龙”字以郑州大运河走向和附属遗产惠济桥、相关文化遗产荥阳故城、古荥汉代冶铁遗址、纪信庙、荥泽县城隍庙的地理位置为素材所写，形象生动，形如中国大运

弓广森“龙行天下”书法

河通济渠郑州段，寓意神龙得水、中华复兴。

入世界吉尼斯大全的十九世现代画家爵。

自学成才，保祖居，修古建，创族歌《我的家在黄河岸边》之永周，创建弓氏联谊会。

弓氏家族数百年的杰出人物，数不胜数，至现代，仍是为国家和民族做出显著贡献的运河人家。

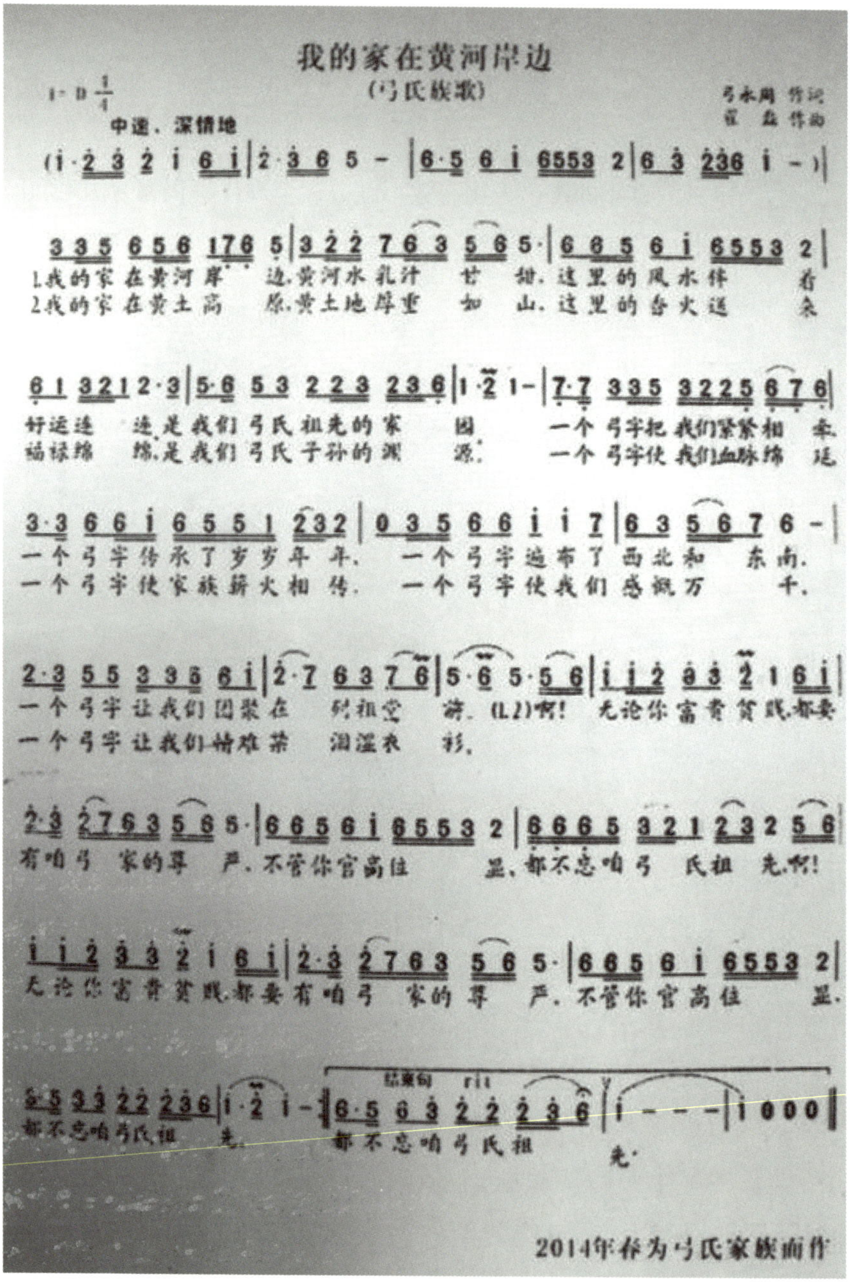
我的家在黄河岸边
（弓氏族歌）
中速、深情地
1.我的家在黄河岸边，黄河水乳汁甘甜，这里的风水伴着
2.我的家在黄土高原，黄土地厚重如山，这里的香火送来
好运连连，是我们弓氏祖先的家园。一个弓字把我们紧紧相牵，
福禄绵绵，是我们弓氏子孙的渊源。一个弓字使我们血脉绵延。
一个弓字传承了岁岁年年，一个弓字遍布了西北和东南，
一个弓字使家族薪火相传，一个弓字使我们感慨万千，
有咱弓家的尊严，不管你官高位显，都不忘咱弓氏祖先。啊！
无论你富贵贫贱都要有咱弓家的尊严，不管你官高位显，
都不忘咱弓氏祖先。都不忘咱弓氏祖先。
2014年春为弓氏家族而作

弓氏族歌

# 第五章　传奇故事

## 第一节　虫王庙、践土台、钓鱼台的故事

### 一、虫王庙的故事

在荥泽古城城北 8 公里的云台峰（广武山塬的一座山峰）的半山腰有一座庙宇，叫虫王庙，庙前有一通石碑，碑文标题是“虫王庙记”，这块石碑立于清乾隆三十七年（公元 1772 年），由荥泽县增广生员窦炳章撰写碑文。据碑文记载，乾隆戊午年（公元 1738 年），黄河南侵，虫王庙被南侵的黄河水冲毁，到乾隆丁卯年（公元 1747 年）荥泽地区物阜民丰，大家争相捐钱粮、车马，出劳力，经过三个月的努力，重建起了新的虫王庙，并重塑了虫王神金身，于当年秋天撰文立碑，记载重修事宜，并记载了虫王庙的起源。

虫王庙碑记记载：话说商末年，周武王姬发在姜子牙的辅佐下，灭了商，建立了周，大封诸侯驻守全国各地，封地在今山西一带的诸侯，建立了晋国。晋国是周分封的诸侯中较为强大的一方政权，后来在侯位的继承问题上发生了分歧，并形成内乱，晋国的一位名叫“重耳”的公子，本应是侯位的继承人，但在争夺侯位的过程中，备受迫害，无奈，他便带着十几名亲信趁着夜晚出逃晋国，一直逃到现在河南境内的焦作一带，寻求庇护。但是山西距离焦作的距离并不算远，也并非安全的所在，重耳和随行众人一商议，决定南渡黄河，投奔郑国。郑国当时也是诸侯国里较为强大的一国，而且郑国人也重义气，想必会帮助他们。因此，重耳与亲信们便从焦作渡过了黄河，来到了黄河南岸的荥泽地区。到达荥泽后，重耳发现荥泽地区的蝗虫泛滥成灾，遍地的庄稼都被蝗虫吃得精光，百姓苦不堪言，却也无可奈何，民生

疾苦，苦不堪言。

当晚，重耳和众人就在黄河南岸广武山云台峰脚下一个叫作“连庄”的小村庄借宿。话说重耳借宿的这户人家，主人姓连，名安，老人家已八十八岁高龄，睡眠很少，听着外面蝗虫乱舞的声音，想到今年颗粒无收的庄稼，一家人生计艰难，更是夜不能寐。老人家想，反正睡不着，索性披衣起身，推门踱步至院子里，仰头望见夜空中北斗七星熠熠生辉，北斗星更是灿烂夺目，连老翁执起手中拐杖，指向北斗星，高声喊道：“太白金星在上，您老可看到，如今蝗灾祸害中原，荥泽尤甚，望君显灵，拯救苍生。”如此连呼三遍，但见夜空渐起微风，自家的东厢房门被风吹开，一条花蛇自屋内飞出，腾空如云，犹如一道火炼，上下翻飞，把大地照耀得如同白昼一般。再说重耳随行的亲信们被大风惊醒，已不见了重耳，众人一片惊惶，奔出室外，只见连安老翁手指空中，口中直呼：“好！好！好！”众人抬头，只见花蛇飞舞，蛇神光芒四射，蝗虫纷纷落地而亡。到了丑时，但见繁星闪烁，蝗虫已统统不见了踪影，只有地上的蝗虫尸体堆了厚厚一层。众人只看得目瞪口呆。忽听“嗖”的一声，又见花蛇飞入东厢房内，连安赶忙带众人进入东厢房，哪见得到花蛇的踪影，只有重耳依旧躺在床上，呼吸均匀，沉睡如常。连安连声高喊：“神人呐，神人！”众人如梦方醒，齐齐跪在重耳床前，大声喊道：“我等愿跟随公子，出生入死也要助公子夺回晋国江山。”

天刚蒙蒙亮，连庄村民便早早地聚集在连安家里，早有人搬来了锣鼓，顷刻间锣鼓喧天，震天动地。到了中午时分，消息传到了郑国驻守荥泽地区的官府中，郡守听后大喜，立刻骑马赶往连庄连安家里，将重耳一行请到了郡守府，一边热情款待，一边派人飞马传书将此奇事上报郑国国君，郑国国君闻听此事非常惊讶和高兴，对朝臣们说：“重耳治理蝗灾，是我郑国的大恩人，他又是晋国的公子，今后必成大器，寡人要以国君之礼待之。”此后的几日，郑国以更隆重的礼仪接待了公子重耳，并联合楚国，把公子重耳送回了晋国，重耳结束了十九年的逃亡生涯，当上了晋国国君。

郑国国君命荥泽官员，在重耳治理蝗虫的广武山云台峰山腰，建造了虫王庙，以示纪念，香火不断，历久弥新。清乾隆三十七年（公元1772年），重建庙宇，再塑金身。2008年，出版荥泽古城历史文化系列丛书《古荥镇金石考》一书，曾登临广武山云台峰，看到了虫王庙遗址和庙前的碑刻《虫王庙记》，并载入了《古荥镇金石考》。

## 二、践土台的故事

公元前636年，在郑国和楚国的共同协助下，重耳终于返回晋国，登上了晋国国君的宝座，在外逃亡的十九年，重耳历尽艰辛，深谙民间疾苦，更知道国家动乱是百姓疾苦的根源。所以重耳当上国君之后，尊重周王室，友睦周朝封立的众多诸侯，对外特别重视与邻国的关系，对内则施恩于百姓。没过几年，国富民安，晋国一跃成为强大的诸侯国之一。

这时，周王室日渐衰微，对诸侯国的统治开始力不从心，各诸侯国渐渐不听王命，强大的诸侯国开始欺负一些弱小的诸侯国，强占其领土和臣民，扩充自己的实力。特别是南方的楚国，国力强盛，经常侵犯北边的郑、宋、曹、卫等国，被侵犯的诸侯国求助于周王室，但是势力渐衰的周王室已风雨飘摇，自顾尚且不暇，更别说管诸侯国的事了。各诸侯国便向北边强大的晋国国君晋文公求救，晋文公重耳和大臣们商议，决定以“尊王定周”为口号，出兵中原，解救各诸侯国之围，并壮大自己的国力。

公元前631年春，晋文公带领三军，与楚成王在荥泽北的城濮一带展开激战，晋文公得到了宋国、齐国的援助，一举战胜了楚国，楚国退守长江以南。晋军在荥泽以北的卷县驻守，将俘获的楚兵和战马、粮草等献给了周王室。周天子大喜，决定亲临荥泽，表彰晋文公重耳，重耳闻听此讯，立即在荥泽践土台筑宫室，用以迎接周天子。践土台，就成了荥泽古城最早的雏形，位置就在今天荥泽古城东北城墙角内的钓鱼台村。

公元前 631 年五月，周天子登临践土台王宫，赠重耳弓矢，命他讨伐不听王命的各路诸侯，也就是赐予了晋文公重耳对各诸侯国的征伐权，周天子还赐予晋文公虎贲甲士三百名，表示重耳的征讨代表着周王室。

自此开始，晋国一跃成为我国春秋时期国势最为强大的诸侯国之一，晋文公重耳在位九年，年七十而逝。

践土台也因周天子的光临和晋文公在此会盟天下诸侯而名扬天下，并从此开始形成城池。到了秦汉时期，更是因其重要的军事、交通和经济地位，成为富冠海内的天下名都。因其位于荥泽湖的西北岸而得名“荥阳”。

### 三、钓鱼台的故事

践土台随着历史的演变，后来更名为钓鱼台，一直到现在，荥泽古城东北角的村子还称为钓鱼台村。究其名称变化的原因，一是地名多随着地理水文条件的改变而改变，践土台东紧邻荥泽湖。1970 年前后，笔者曾在践土台东 50 米处参加农村钻井工程，地下 2~5 米深就有鱼类骨头出土，说明古代的践土台是紧邻荥泽湖的，践土台东面台下就是一望无垠的我国上古九泽之一的荥泽。二是践土台是广武山南的缓坡，所以践土台东临大湖，北靠广武山，风光秀丽，易守难攻。坐在践土台的东沿，就可以垂钓。三是晋文公在此践土台会盟之后，践土台名扬天下，文人骚客来到这里观光的越来越多，如唐代的山水田园诗人王维，就曾登临践土台，观赏美景，一边垂钓，一边赋诗：

### 早入荥阳界

泛舟入荥泽，兹邑乃雄藩。河曲闾阎隘，川中烟火繁。

因人见风俗，入境闻方言。秋野田畴盛，朝光市井喧。

渔商波上客，鸡犬岸旁村。前路白云外，孤帆安可论。

天长日久，游人将践土台称为荥泽钓鱼台，一直沿用至今。

当地更有一个美丽的传说。传说当年姜子牙周游列国，考察天下军事要地。这一年，姜子牙南渡黄河来到了今钓鱼台的位置，因河水泛滥、遍地泥沙，姜子牙来到荥泽，登上践土台时，衣衫鞋袜均已湿透，还沾满了泥沙，荥泽百姓好客行善，留姜子牙住在了践土台上，姜子牙在此晾衣服，闲时垂钓，度过了一段闲适美好的时光。后姜子牙离开荥泽，辅佐周武王姬发灭亡了腐朽不堪的商王朝，建立周政权，成就了周王朝八百年江山，荥泽践土台的老百姓就把此台子称为姜子牙“晒衣台”、姜子牙“钓鱼台”，其中尤以钓鱼台之名广泛传播。

2001 年前后，郑州市惠济区人民政府进行新农村建设改造，将钓鱼台村升级改造为人文小村，建设钓鱼台小游园，钓鱼台的基础为红黏土夯打而成，特别坚固，也从侧面证明了当年晋文公重耳在此筑践土台、建王宫迎接周天子、大会诸侯的历史史实，证明了荥泽古城最早建立雏形的时间。若有兴趣，可到荥泽古城钓鱼台一游，定会使你在游玩中增长历史知识，回味姜太公钓鱼之乐趣。

## 第二节 王贲鸿沟水淹大梁

公元前230年，在战国秦、齐、楚、燕、韩、赵、魏七国混战之中，秦国由弱变强，东出函谷关，一举灭韩，设三川郡，将原韩国重镇荥阳作为三川郡郡治所在地，由秦长史李斯（后为秦宰相）长子李由任郡守。此时的秦国在以雄才大略的秦王嬴政为首的国家集团已决定了国家一统的战略，并将一统中国的战争分为三大战区：第一战区是以大将军王翦为战区主将，消灭燕国和赵国残部的燕代战区，兵力二十五万；第二战区是以大将军蒙恬为战区主将，防止北部匈奴南侵的九原战区，兵力二十万；第三战区是以前将军王贲为战区主将，消灭魏国和韩国残部的中原战区，兵力十万。

王贲，大将军王翦次子，童年在老家频阳度过，父亲常年在军，其书房成为尚在蒙学的王贲的玩耍之地，他常翻出兵书津津有味地读，照着兵书架起木梯攻打大梁城。王贲十四岁，父亲王翦归家，和家人商议并决定两个儿子的事业走向，按照秦法，家有两个儿子必有一人从军，老大已经成年，可以从军，老二尚在少年，务农守家即可。王贲对父亲说：大哥长于农事，该守家，我是老二，熟读吴子兵书，打仗尊武安君（即白起，秦国名将，百战无有一败）。数天之后，父亲带走王贲，秦军中多了一个沉静寡言、机警勇猛的少年士卒。三年之后，年仅十七岁的王贲升任千夫长，成为全军最年轻的将军。秦军灭韩国，灭赵国，王贲为前将军，率部长途奔袭，对抗赵国名将李牧，都极为出色地完成了战场任务，所率部队成为秦国军队第一精旅。王贲战功卓著，自然成为秦国一统天下的三大战区之一的中原战区统帅。

公元前226年，王贲率十万大军进入中原，一战灭韩国残部，杀韩王安。二战一月内攻下楚国十城，大军雄威使楚、齐两国不敢染指中原，而后占据成皋（今虎牢关）、荥阳，策划灭魏国之策。

此时的魏国，国都大梁（今开封，现在的开封城西城门乃称大梁门），与齐国临淄、秦国咸阳、赵国邯郸并列天下四大都城，四都之中，大梁道路辐辏四通，人民之众、商贾汇集之众、百工士人之众、物资聚集之众，能为各行各业、三教九流提供最自由的发展空间，成为当时我国都市之首，而城墙之坚固也自然首屈一指了。且看那大梁城，外城墙高十三丈，城厚十丈，城墙内夯土坚硬，外包石条规整，成为方正之石头城，飞石砸在墙上，强弩射在墙上，没有任何成效；城内粮草聚集如山，大梁军民五年食用不尽，魏国精兵二十万，利器强弓，兵强马壮，魏王假居大梁城，亲自指挥与秦国王贲的生死决战。

而此时的秦中原战区统兵主将王贲驻守的荥阳，东距大梁只有百里之遥，率十万军马攻克有二十万精兵防守的大梁，是根本不可能的。军中谋士及众将为王贲提出“奇兵智取、暗杀魏王、强兵攻城”上、中、下三策；而王贲却提出“鸿沟水淹大梁城而灭魏国”的战法，具体战法是，先使军民十万疏通鸿沟水道直至大梁城北，开决荥泽水以灌大梁，大梁城必下，魏国自亡。我国自大禹治水以来，世人只知治水以利浇田、利运输、免水患，未闻决水以成兵而灭国（鸿沟，即中国大运河通济渠郑州段，西起郑州北的荥泽，东经中牟、开封通淮河）。

王贲“鸿沟水淹大梁城而灭魏国”的战法一出，立即惊动秦国朝野，上至秦王嬴政，下至宰相将军，议论纷争，利害巨大、决断难下。秦王嬴政召集文臣武将各提意见，不可行者认为：大梁城居平原，决荥泽鸿沟水灌之，将死伤庶民万千，生灵涂炭，秦国尽得魏国，但道义不存，何安天下？可行者认为：强兵攻大梁，至少需要三十万精兵，耗时三至五年，未必攻下。治水大家郑国认为：鸿沟历经千年通水，战国之世，各国无力顾及，鸿沟淤塞，半沟之水，稻粱难肥，鸿沟通泽，水势却小，半渠之水，难以攻魏。

秦王嬴政君臣确定“鸿沟水淹大梁”的方针为：“鸿沟淹梁，修浚开塞，以利一统，以利灌田，大仁不仁，以水代兵。”战略执行者仍是此战的提出者王贲。

王贲自秦国都城咸阳返回荥阳，召集众将谋划“鸿沟淹梁”战法，察看荥阳至大梁地形水势，决定：一是拓荥泽入鸿沟水口，聚大荥泽之水，以满足灌大梁水量；二是组织十万军民掘宽清淤荥阳至大梁百里鸿沟水道；三是派十万精兵，进驻鸿沟至大梁城外围，以防魏军进攻修渠之军民，确保修渠清淤进度，疏散沿沟居民。

公元前224年七月，王贲所率的中原战区十万精兵，在荥阳官民紧密配合下，兵分三路，紧张有序地开展了鸿沟水淹大梁的各项任务。一个月以后的八月中旬一个夜半时分，大梁城外成了无边的汪洋大水，白茫茫大水上是一轮清亮的明月，万千星斗闪烁，碧蓝的夜空下没有了村庄，没有了田畴，只有浪浪水涛冲击城墙，城内军民涌上城头，万千人挤在城上垛口向外张望，惊讶之中无人说话。

转眼到了九月中旬，水淹大梁城已一月有余，固若金汤的大梁城内井水先溢出了井口，街道成了河渠，房屋墙壁都在水中潮湿淋淋，粮食生芽，内室发臭；随着街中积水渐渐升高，军已不成军，民已乱抢食，城墙上的石条块一块块脱落，露出了城墙夯土，数日之内，城墙夯土瘫成了堆堆泥山，三天之内，泥山没了，城内漂出了无数门板、木梁，门板、木梁上坐满了城内军民，王贲所率的部队此时唯一的任务是抢救魏国出城漂在水中的军民进入荥阳城内救治。

水淹大梁两个月后，秦军堵了荥泽水口，水势渐渐退去，两个月前还雄峻异常的大梁城，变成了茫茫灰黄的废墟。王贲生俘魏国国王魏假，魏国灭之。《史记·魏世家》对魏国最后三年的记载是：景湣王卒，子王假立。……三年，秦灌大梁，虏王假，遂灭魏以为郡县。

王贲以水代兵，鸿沟水淹大梁城以灭魏，成为中国兵法之最精战法之一，成为历代水战之楷模！

王贲以水代兵，以兵修渠，疏鸿沟以通淮河，使荥泽以下之鸿沟水利自战国至隋唐、宋、元、明、清至今，功不可没，功在千秋！王贲也成为以水代兵的鼻祖。后世明代末期，李自成起义水淹开封，我国抗日战争时期国民党政府在郑州花园口扒口以水代兵阻止日本侵略者南侵，都是王贲以水代兵的延续，现开封大梁门北侧的城门遗址博物馆，依稀仍能看到历代水淹开封城的痕迹。

## 第三节　荥泽古槐——汉高祖系马槐

荥泽纪信庙北大约百步，有一棵古槐（王广林家）。荥泽古城内城隍庙东数十步也有一棵古槐（郭西有家），周围五丈，高约四丈。西北一枝上接苍穹，下垂地表，如蛟龙飞天之状。楚汉战争三年多（公元前206—前203年）时间内，汉高祖刘邦与西楚霸王项羽在荥泽古城内外上演了可歌可泣的战争史诗。粮草争夺战、攻坚战，反间计、诈降计、离间计……花样翻新，层出不穷。项羽重兵驻守在城东，刘邦驻兵城西，刘邦视察自己部下练兵，常在此树下休息，召集部将商讨军情大事，将所跨战马拴在古槐上。一说是指纪信庙北的古槐。另一说是楚兵围城三年，不断进行工程建设，刘邦在城内日夜防止楚兵攻破城池，经常骑马在城隍庙东这棵古槐下休息，布置城防兵力，这棵槐树叫系马槐。口口相传，后人又尊称为皇槐、高祖槐、龙槐。明弘治年间，古槐树龄已有

王广林家古槐

郭西有家古槐

3000余年，逐渐枯死，树根又发新芽，长势茁壮，至今数百年，长势与原来的龙槐树形颇为相似，乡民奇之，以为蛟龙再生，历代文人骚客作诗吟咏，香火渐旺，如今当地政府已将这两棵古槐列为古树名木，挂牌保护。

附名人诗词为证：

### 古　槐

（一）

赵秉文

荥阳县东千古槐，人言曾见汉朝来。
不知几觉南柯梦，至到如今唤不回。

（二）

童童

龙蟠天矫与雷同，虎踞离奇隐鬼神。
隆准千年成蚁梦，空余古树老荥滨。

（三）

谷诚

千古槐安已路尘，华胥有梦更何人。
要知天上夔龙事，不数阶前蝼蚁臣。
罍垤无防阴雨变，争膻莫误惟灵真。
笑侬也被虚名苦，客里经过四十春。

（四）

史质

省风河洛过荥滨，蚁梦当时事果真。
老树盘根无觅处，空遗碑碣播行人。

（五）

曹琏

百尺高槐索水阳，盘根错节几经霜。

不缘高祖曾来卧，谁信南柯蚁梦长。

（六）

赵弘

沛公逃难方纾困，呵护分明有鬼神。

不信但看当日树，虬枝垂地老荥滨。

又

古槐毕竟老荥滨，却比元功岁月真。

莫羡五松客易贵，汉王自是少恩人。

又

古树槎牙索水阳，沛公卧后几星霜。

谁知四百年炎汉，占得当时复荫长。

两棵古槐历尽千载，现在长势相近，究竟当年汉高祖刘邦在军务之中在哪棵古槐树下运筹帷幄已难以分辨，真乃是：

古槐两株竞峥嵘，当年谁荫高祖中。

时过境迁千载事，各占片土老荥滨。

## 第四节 马牙金的传说

“拾到马牙金，不死也得发发昏”，这句俗语，在荥泽古城的百姓中广为流传，可以说是家喻户晓。这句俗语的缘起，与秦末汉王刘邦与西楚霸王项羽在古荥阳地区展开的旷日持久的荥阳之战密切相关。

话说公元前207年十二月，刘邦领兵自武关入咸阳，灭秦，与汉中父老“约法三章”，领军驻守灞上，迎西楚霸王项羽入关。公元前206年正月，项羽自立为西楚霸王，都彭城（今江苏徐州），分封共计18个王，刘邦被封为汉王，统领巴地、蜀地、汉中共41个县，建都南郑。公元前205年春，项羽弑杀义帝（秦末起义军推举的首领称义帝），汉王刘邦以此为理由，为义帝发丧，发讨伐项羽文，列项羽十大罪状，发给其他诸侯，号召他们合力讨伐项羽。

公元前205年春，刘邦率领大军自汉中倾巢而出，一路过关斩将，五月，占领军事重镇荥泽古城（当时称荥阳）。在荥泽古城东京水河两岸、城南的索水河之间大败楚军，加固荥阳城墙，拓宽护城河，构筑甬道通广武山上的敖仓，以保证军粮的供应。很快就建立起了以荥泽古城为中心的战略根据地，与西楚霸王对抗，形成对峙之势，这就是楚汉之争中具有决胜意义的关键战役——“荥阳之战”，又因为战役多在城东的京水河和城南的索水河之间展开交锋，故“荥阳之战”又称为“京索之战”。

楚汉“荥阳之战”，项羽兵多将广，刘邦兵少将寡，经过近三年旷日持久的拉锯战，项羽逐渐掌握了战争的主动权，占据有利地位，并切断了刘邦运送军粮的通道，将刘邦围困在荥阳城内。几个月过去了，刘邦内无粮草、外无救兵，人困马乏，已到了走投无路的地步。在这危急存亡的关键时刻，刘邦手下大将纪信献计：由纪信假冒刘邦出东门向项羽诈降，汉王可趁乱从西门逃走。刘邦无奈之下接受了纪信的诈降计，趁纪信乘辇车出东门之机，带领陈平、周勃等部众从西门逃走至广武一带。不多时，项羽发现被刘邦纪信所骗，在劝降无效的情况下怒焚纪信，并派兵一路向西追捕刘邦。

刘邦带数十人刚从西门逃出不远,就听到了后面追兵的喊杀之声“活捉刘邦”“不要让刘邦跑了”“捉住刘邦，重重有赏”。此时，刚逃出虎口的刘邦急出了一身冷汗。在皎洁月光的照耀下，仿佛追兵在半里之外就遥遥可见，自己仅带领数十位将士怎敌项羽来势汹汹的追兵？在此危急时刻，只听坐在马车内的刘邦发妻吕雉对刘邦说道：“夫君自带领诸将尽快逃走，我来给你断后。”刘邦说：“不行，这样太危险了，若用此计你必死无疑。”吕氏说：“我自有妙计，半个时辰后追上夫君。”刘邦无奈，说一声：“夫人自变，日后必不负心。”带众将士快马加鞭而去。只见吕雉对随从说：“打开车内袋子。”随从打开车内数十个布袋子，原来布袋子里装的都是金光闪闪的马牙金（马牙形状的金子）。吕雉吩咐随从，将马牙金慢慢撒在车后……项羽追兵赶到，看到马车不紧不慢地在路中间行走，感到十分惊讶：大战之时，何人竟有如此胆量，挡在逃兵与追兵之间？忽见车内不断撒出金黄色物品，不由得惊奇，追在前面的士兵捡起一看，一声惊叫：“黄金。”顾不上追刘邦，弯腰拾起马牙金来，后边的士兵随着在大路上争抢起马牙金，先是捡拾，后是相互推搡争抢，最后由争抢变为厮打，瞬间，整个项羽的追兵乱作一团，自相残杀起来。趁此混乱之机，吕雉命驰者快马加鞭，以风驰电掣般的速度逃走了，而项羽的追兵经过一番混战，才回过神来这是中了刘邦的计，但是已经晚了，哪里还能看到刘邦的踪影呢？眼看就要追到的刘邦就这样从项羽的追捕中成功脱险了。

马牙金是晚上撒下的，楚兵哪里拾得干净呢？又因马牙金乃是真命天子刘邦之物，不是一般人能够受用得起的，因此民间盛传捡到马牙金者必遭大难。一直到20世纪五六十年代，荥泽一带的农民在种田时还能拾到马牙金，拾到者不是死，就是大难临头，直到倾家荡产、家破人亡。笔者曾听闻家乡老者讲到古荥南大街和北大街曾经有人捡到过马牙金，后来均是非死即病。因此，直到现在，“拾到马牙金，不死也得发发昏”成为荥泽人茶余饭后、街头巷议的谚语故事。

## 第五节　鸠杖的传说

话说刘邦带领众人一路向西逃跑，吕雉利用马牙金暂时拉开了和项羽追兵的距离，此时已是夜半时分，天气开始由晴转阴，东风渐起，人困马乏，刘邦对在前面探路的大将靳强说：“靳将军，我看大家都累了，能不能找个地方歇息一会儿。”靳强回答：“我看前面不远处就有一座柏树林，我们可以到那里去歇歇脚。”刘邦表示赞同，一行人便进入了柏树林中，将战马拴在柏树树干上，坐靠在柏树旁得以喘息片刻。柏树林外，樊哙手持宝剑站立在那里，为歇息的刘邦一行站岗放哨，以防追兵到来。

过了大约一个时辰，樊哙听到了东边方向传来了马蹄之声，心想：不好，必定是项羽的追兵又追过来了！他急忙进入树林中，向刘邦汇报情况，刘邦急得如热锅上的蚂蚁，道：“这可如何是好，现下正是夜半时分，漆黑一片，路都看不清，这下他们可真要追上来了，我等向哪里撤呢？”这时一直沉默的张良说道：“大王莫慌，天黑对我们有利，追兵并不能断定我们一定就在林中，可派出一名士兵，藏匿在柏树林北边，如遇危急情况，可让士兵向北奔跑，引走追兵的注意力，这样可保大王安然无恙。”刘邦以为妙计，问道：“那谁去引走敌军呢？”只见一员小将挺身而出说：“小将愿往，死不足惧，但愿保得大王平安无恙。”刘邦一看，是大将靳强的小弟，名叫靳志，才刚满十八岁。刘邦大喜过望，说道：“真是少年英雄，此重任就交给你了。”只听靳强对弟弟嘱咐：“小弟，你的责任重大啊，要小心行事。”靳志回答：“眼下正是立功之时，智谋不在年高。”转身跨马向北而去。

过了一刻钟工夫，只听柏树林东边一阵马蹄之声，项羽的追兵已经追到了柏树林边，一个士兵高声说道："雍将军，这路边就是一大片树林，汉兵是否会藏在树林里？"雍将军答道："下马一搜便知。"随着一阵整齐响亮的"得令"的喊声，众将士便要进入树林进行搜索。刚一进入树林，只听树梢之上无数飞鸟"啪啪"连声飞起。雍将军辨声识鸟，认定这些叫声就是斑鸠鸟的叫声，便大声呼喊道："不必再搜了，斑鸠鸟群起而飞，说明刚刚并无人进入这树林之中。别在这浪费工夫，再让刘邦给跑了！"此时靳志听到林中鸟飞之声，认为必定是楚兵进入了柏树林，搜查刘邦的行踪，心生一计，高声用楚地口音喊道："反贼刘邦向北逃走了，快追啊，别让他跑了！"喊罢骑上战马，向北跑去。楚兵听到呼喊声，以为是自己人发现了刘邦的踪迹，立刻向北方追捕刘邦。刘邦一众人等听到马蹄之声渐远，一颗绷着的心这才放了下来。刘邦说道："既然他们认为我们向北逃走了，那我们就反其道而行之，向南撤吧。"刘邦在众人的护卫下，向南撤去，仍由靳强在前边开路，樊哙断后，出了柏树林，向西南方向而去。

后来刘邦夺取了天下，项羽在垓下四面楚歌，自刎于乌江。刘邦建立西汉政权以后，定都长安，每每与群臣论及此事，刘邦都说："荥阳西边的柏树林真是我们群臣的福地啊，若不是林中鸠鸟群飞，哪有我们的今天？我们都渐渐老了，将来的拐杖头上可以刻成斑鸠的形状，以此纪念斑鸠鸟对我们的救命之恩。"群臣都表示皇上的主意甚好。自此以后，皇家大臣、富贵人家所用拐杖的头上，都刻上斑鸠鸟，鸠杖逐渐成为尊贵的象征，在民间，这种鸠杖代表富贵的观念深入人心，并流传至今。

刘邦当上皇帝，大封功臣，将当时引走追兵的靳志封为荥泽太守。靳姓一支在荥泽逐渐枝繁叶茂，绵延至今。

## 第六节　红光引路渡索水

话说刘邦君臣在柏树林逃过一劫，向西南方向奔去。此时天黑伸手不见五指，慌忙之中更分不清东西南北，隐隐又听到追兵的马嘶声。旷野之中刘邦对众人道："天黑无路，方向难辨，如何是好？"张良、陈平一众随从面面相觑，无计可施。随从张苍后任汉朝宰相喜观天象，上知天文，下熟地理。此时，只见张苍抬头观天，一片黑霾，笼罩四野，无有片点星象，沉吟之中，张目四望，黑暗之中只见三丈开外，空中一点红光似隐似现，上下闪动。思索片刻，开口回刘邦问话："汉王，前面闪动的红光，是天庭房星帐下之精，天马之一，前来救驾，我等只随红光走即可。"刘邦将信将疑之时，陈平接话："汉王，张苍久观天文，此法必有道理。"汉王刘邦随口说："就照张苍之计，跟红光走就是。"众人得令，靳强在前，樊哙断后，照着红光走去。说来也怪，那星点红光不慌不忙向前飘动，刘邦带众人紧紧跟上，如此前引大约不到一个时辰，黑霾渐去，薄雾渐浓，星点红光向天空上方飘去，片刻不见踪影（大禹治水，分中华为九州九泽，九泽是按山川而分的，九州是按天上的星宿划分的，星泽之地，位居中原，属天上星野中的房星。房星象征天马，所辖有驷。有诗赞曰："渥水千年降，房星一夜隳。"渥水是传说中的神马，隳是动摇毁坏之意，此诗指神马千年一降，救刘邦与危难之中，毁坏了项羽称霸天下之愿）。此时，薄雾慢慢收起，一轮明月露出云端，一条大河呈现眼前，一曲委婉苍凉的渔歌随风飘来：

日落而息索水上，岸北封沟是我乡。
妻亡家贫盼平安，犹如东流波浪长。

刘邦一行向歌声方向前往，只见河面足有四十步宽，河水在微风中慢慢流淌，两岸芦苇在风中飘荡，水中一前一后两只小船在歌声中从对岸芦苇丛中划桨过来，歌声一停，只听船中老者说道：“安儿，你听马嘶之声渐近，北岸已有人影，快快将船划向北岸停靠，完成河伯所托。”“是，父亲。”只听得一声清脆的回答。听话语分明是艄公父子二人。张良曾在下邳附近的圯水桥拜黄石老人为师学艺，熟知艄公生活习性，听到河中父子对话，急忙高声喊道：“船家公，请来载我等过河，必有重谢。”听船上老者问道：“来者刘氏乎？”张良朗声答道：“正是刘氏也。”老者又问道：“从何而来？”张良回答：“从荥阳而来，请高人相助。”说话间，船已靠岸，只听老渔夫郑重说道：“昨日晚上索水河伯托梦于我，说有刘姓贵人，为社稷苍生今晚落难于此，须我相助，请快快上船。神灵所托，为苍生社稷，不敢言谢。”刘邦、张良一行赶紧跳到船上，渔夫父子二人竹篙一点，两只小船如飞稳行，溯水西向。在行船闲谈之中，方知渔夫姓封，因连年战乱，父子二人为求平安，在此索水上安家，以打鱼为生。刘邦闻此，向老渔翁说道：“吾刘氏如得天下，必使社稷安稳，百姓安居，以报河伯之恩，以谢封翁相救。”船行十余里，刘邦一行下船西行，封翁父子自回不表。

后刘邦建立大汉王朝，与众臣回想红光引路之事，乃委派张苍自西安返回索水北岸，在红光领路旧址建红光寺一座，塑红光神肖像，以示报恩纪念。

荥泽县红光寺位于现郑州市惠济区古荥镇西 2 公里处，马村行政村东侧，现有面积约 2000 平方米。寺庙坐东朝西，寺内有古柏、石刻、古代建筑基础等遗迹，寺庙四周围墙基础上有部分汉代空心砖砌入，说明了寺院的沧桑与古老，香火绵延至今。

后来张苍在荥泽太守的带领下来到封沟，找到封姓渔翁，代表高祖刘邦拜谢封翁，赠银两以安度晚年。

## 第七节　蜘蛛显灵救刘邦

话说刘邦君臣渡过索水，向西南方向走去。眼看前面有人家居住，刘邦想在此暂住半晚，便对众人说："我们在这户人家借住半晚，养养精神如何？"谋士陈平答道："大王，不可，追兵向北追我们，很快就会发现的，短时间还会追来，为防不测，我们还是抓紧时间赶路。"刘邦认为陈平的顾虑很有道理，便继续前行。众人又走了半里之遥，有个小村庄已出现在眼前，一老者站在路边。刘邦走上前去，问老者："老人家，请问这里是什么地方？这天还未亮，您站在这里做什么呢？"老人答道："这个村庄名叫董村，是懂得天理的意思。我姓王，今年六十五岁，刚刚我做了一个梦，梦到太白金星跟我说寅时（后半夜三四点）将有贵人到此，贵人有难，命我帮助贵人渡过难关。老汉我已在此等了足足半个多时辰了。"刘邦闻言大喜，一众人纷纷下马，刘邦对老者说："多谢多谢，还请老伯指条明路。"王老汉回答道："不知贵人要往哪里去啊？"张良接着答道："我们前往汜水虎牢关。"王老汉一笑说道："贵人，虎牢关在西北方向，你们却向西南方向走，方向错了。"张良问老者："老人家，那我们应该走哪条路呢？"王老汉正要回答，从东北方向传来一阵战马嘶鸣之声，樊哙也从后面赶上前来，对刘邦说："大王，追兵又赶上来了！"刘邦叹息："此处一马平川，哪里还有我等的藏身之处呢？"众人正一筹莫展，王老汉说："贵人，路边有一口水井，贵人可在水井中藏身。"刘邦无计可施，只得听从老者建议。刘邦顺着井绳，缓缓滑入井中，王老汉立即用辘轳拉起井绳，张良、樊哙一行拉起战马向右走去。

再说楚兵将军，姓雍名齿，本是西楚霸王项羽手下的一员猛将。早年跟随项羽起兵，百战百胜，是项羽十分得力的大将之一。在柏树林中计后，一路向北紧追靳志，追到一河边，只见一战马站在河边，马尾巴上绑着一捆儿干树枝，骑马人早已不知所踪。雍齿发现中计，直气得暴跳如雷，立刻命追兵掉转马头，向西南方向追来。

不过片刻工夫，雍齿已领兵追到了董村村头，见到一老者在村头散步，遂停马问道："老头儿，可见有几十个人从这里路过吗？"王老汉抬头回话："你问的可是骑马的数十人吗？"雍齿一听，以为老头知道他们一行人的行踪，遂下马答道："正是正是，您可见到吗？"王老汉答道："一刻钟以前，他们往左边那条路上急急路过。"雍齿这次提高了警惕，问道："他们都是怎样的穿戴？"王老汉说："老汉我有眼疾，天色又黑，怎么看得清？"正在一问一答之时，一名士兵走近雍齿身边说道："将军，路边有一口水井，反贼会不会就藏在井内呢？"雍齿说："命人到井边一探究竟。"一众军士来到井边，举起火把，照亮水井四周，走近井口一看，只见蜘蛛网结满了井口，两只巨大的蜘蛛安然地睡在蜘蛛网中间。雍齿见此情状，说道："这里定是很久没人打水了，更不会有人刚刚下去，不然这井口也不会结出这许多蜘蛛网来。到别处搜查一下！"军士说道："此处周围一马平川，没有藏身之处。"雍齿沉吟片刻，下令继续往西南方向追赶。一众追兵纷纷上马，浩浩荡荡地往西南方向追去。

王老汉见追兵走远了，用辘轳把井绳放入井中，并对着井内喊道："追兵已经走远，贵人请放心出来吧！"刘邦听到老者呼唤，手抓井绳，老人摇动辘轳，把刘邦从井下拉了上来。此时，樊哙等人也赶到了井边，刘邦对老人深深一拜说道："多谢老人家相救，此恩刘邦必会报答。"说罢转身上马，带领部众往西北虎牢关方向而去。

刘邦建立汉王朝，即皇帝位之后，命人在董村东边建造了一座蜘蛛庙，以示对蜘蛛救命的报答之情，并将王老汉封为蜘蛛庙主，封地千亩，赡养王老汉家族，蜘蛛庙遗址迄今仍存。张良、樊哙一行藏身之地，皇帝命名为藏马沟，因距离蜘蛛庙百丈左右，就把这里命名为百丈村。如今董村、百丈村仍存，两千多年来和睦相处，亲如一家。

## 第八节 八角井与汉高皇庙（飞龙顶庙）

话说楚将雍齿带领兵马自董村向西南方向追击刘邦君臣，而刘邦却带领数十名文臣武将，于天明时分到达了广武山（荥泽古城北的山塬，此山起源于汜水虎牢关前的玉门古渡）。以汜水分界，汜水西为大伾山，汜水东为广武山，广武山西自今玉门古渡口至郑州市惠济区黄河游览区，全长 30 多千米。山塬从东向西有西山古城、敖仓城、汉霸二王城、秦王寨遗址、青台遗址、点军台遗址等众多文物古迹，有学者称，广武山是中华文明的圣山之一。刘邦一行登上广武山塬，放眼望去，美景尽收眼底，但见山塬北济水清澈，波涛阵阵，水上水鸟轻盈飞舞，渔船成排，渔夫歌声嘹亮。彼时山塬桃花盛开，一轮朝阳从东方升起，照射着从山沟升起的阵阵岚晴，山峰之上翠鸟鸣声悦耳，桃林之中，一座高大雄伟的庙宇矗立着，蔚为壮观。刘邦君臣如同行走在仙境一般，一时贪看，如醉如痴，暂时忘记了危险。刘邦说："跑了一夜了，饥饿难挨，我们去这个庙里打些饭食，用来充充饥吧！"靳强在前，进入庙门，早有几名僧人迎了出来。

靳强施礼说："高僧在上，小将有礼了。"僧人笑答："老衲不敢当，不知将军来到我这小庙，有何贵干呐？"靳强回答说："我乃汉王刘邦手下小将，今汉王在贵庙前经过，但求斋饭一顿，若得赐饭，不胜感激！"老僧答道："你们来得正是时候，现下正当早饭时分，庙内斋饭简单，若汉王不弃，请进去享用。若能稍候片刻，庙前的八角井内有鱼，庙内住持一代代更替已有数百年，都说八角井内金鱼专为过路的刘姓汉王食用，将军之主公莫非就是刘姓汉王？"

靳强大喜，急忙回答："正是，正是，我主姓刘名邦，乃名闻天下的汉王。”靳强说罢，返回庙门之前的广场，只见刘邦一行众人正围在一处观看。靳强走近，见一八角井，四周石栏杆相围，只听张良说道：“大王，真是奇哉怪也，井内有三条鱼，一金色，一黑色，一青色，并游水中。”

靳强近前，将庙内与老僧相见的情况说与众人听，只听陈平说：“大王，此乃天助也！”众人正在议论之中，只见老僧领一道姑上前，众人后退腾出空间，老僧与道姑二人走至井边，汉王刘邦见状说道：“多谢高僧相助。”老僧接口说：“这是上一届住持交代的事情，此乃天意，不敢承谢。”只见道姑将一根竹竿伸入井内水中，青鱼立刻张嘴咬住竹竿，道姑轻轻把竹竿往上一提，一条五六斤的大鱼已瞬时跃出井口。只听老僧说：“贵人稍等。”大约过了一刻钟的时间，道姑走出庙门，轻轻施了一礼说道：“请贵人一行进入庙内就餐。”

刘邦在前，张良、陈平、樊哙、靳强等紧随其后，进入庙内，只见戏楼前有一口大锅，锅内的小米粥香气扑鼻，一大盘的新鲜蔬果碧绿盈翠，众人围坐起来，早有一道姑将一碗汤放在汉王座前，正是刚刚出井的青鱼熬制的汤羹，只见樊哙一手抓起几个米团，对汉王施了一礼说道：“大王，小将这就去站岗放哨。”说罢，大步走出庙门，向庙前一山岗走去。

众人都敞开了肚皮美美地饱餐一顿。靳强站起身，刚要向老僧道谢，只见樊哙慌忙跨进庙门，高声呼喊：“大王，追兵来了！”靳强众人纷纷拔剑出鞘作待战之势，只见老僧不慌不忙地走至刘邦面前，说道：“贵人不必惊慌，可走后门逃脱，向前不远，有一座城池可以据守。”刘邦感激万分，恳切地说道：“多谢高僧相助，日后若有机会，刘邦必定重修庙宇，再塑金身。”说罢，刘邦一行从庙宇后门逃脱，向后山的城池退守。

再说老僧、刘邦一行一走，他便带领道姑将刘邦吃过的残鱼倒入八角井中，井内的井水立刻翻滚，涛声如雷。顷刻，井水便从井口中翻涌而出，汇成一道清泉，向北流去，只见水中金鱼在前，残缺的青鱼居中，黑鱼居后，顺着泉水的流向向北游去。没游多远，三条鱼腾空而起，变成金色、青色、黑色三条巨龙，向西北飞去。

后刘邦建立大汉王朝，时刻不忘老僧相救之恩，派朝廷官员在广武山上重修庙宇，起名“飞龙顶”，那口八角井命名为“留泉”，以示纪念。

飞龙顶神庙，又称汉高祖庙，至今都是香火旺盛的一座庙宇，以神奇灵验名传四方。

## 第九节　狗冢与狗冢河传奇

中国大运河通济渠郑州段上游 3 公里处南岸，有全国重点文物保护单位小双桥遗址，遗址内有两处高大土冢，南北相望，沿运河两岸代代相传，此二冢名狗冢，与狗冢百步相望的运河又称狗冢河。狗冢与狗冢河与东汉世祖光武皇帝刘秀有一段传奇故事。

话说光武皇帝刘秀，字文叔，生于公元前 5 年，南阳郡蔡阳人，汉高祖刘邦九世孙。刘秀九岁而成孤儿，靠叔父刘良养大成人，身高七尺三寸，口大，鼻高，庭中骨隆起，如天上太阳之状。少年勤于田畴稼种，成年后就读于长安而通大义。

西汉王莽地皇三年（公元 22 年），天下连年有蝗虫灾害，南阳饥荒，而刘秀勤于田畴，庄田收成较好，卖粮于南阳，南阳人李通以河图洛书为依据，说明“刘氏复兴、李氏为辅”，此时刘秀兄长刘伯升将举事起

现存的狗冢遗迹

义，刘秀与李通、李轶兄弟二人十月起义于南阳，时年刘秀二十八岁。

光武帝刘秀起义之初骑牛征战，初战新野县，杀新野都尉而得都尉马，继而杀湖阳都尉，攻克棘阳，与王莽军战于邓州，兵败退守棘阳。（公元 23 年）正月，与兄长伯升会兵，大败王莽军于淯阳。二月，刘秀与兄长伯升立刘玄为天子，伯升为大司徒，刘秀为太常偏将军。三月，王莽知刘秀立更始汉帝，立即委派大司马王寻、大司空王邑领兵百万，讨伐刘秀兄弟。此时，刘秀率部驻守昆阳，被王寻、王邑所率部队围困，刘秀留部将王凤、王常留守昆阳，趁夜带骠骑大将军宗佻、王威将军李轶等十三人冲出昆阳城南门，时王莽军已有十余万围困昆阳。刘秀鼓励这十三人："今若冲出昆阳，大功可成，珍宝万倍；如为所败，必死无疑。"众人冒死冲入敌阵，杀出重围，向洛阳进发搬兵救昆阳，王莽军派出轻骑精兵三千，围追刘秀。

昆阳至洛阳数百里，王莽所部三千轻骑精兵紧追刘秀三天三夜，刘秀等人又困又乏，渐渐走散。晚上，只剩刘秀单枪匹马，跑到郑州通济渠南岸小双桥，只见一片破败建筑，残砖破瓦，黑漆漆一片。阵阵冷风吹过，令人毛骨悚然。此时的刘秀又饥又渴，浑身散架一般。他灵机一动，干脆藏入此处，以躲追兵。刘秀将马放入运河河谷，步行进入破败建筑之中。只见这片建筑虽然破败，但规模巨大，似皇室宫殿模样。走到建筑中部，只见一大片空旷之地。蒿草遍布，冷风吹得蒿草如浪般起伏。刘秀走入蒿草中间，仰卧地上，遥望空中一轮明月，北斗七星闪烁，恍惚中，慢慢进入睡梦中。

这片破旧建筑废墟，乃是商代第十一代王中丁的宫殿，乃商代都城遗址。这日夜晚，天宫中太白金星研讨河图洛书，演华夏版图朝代更替。看到王莽败亡之兆，气数将尽，刘氏复起，命数当在蔡阳刘秀，遂查刘秀踪迹，不由得大吃一惊。刘秀复起，有十灾之数。首灾在于郑州运河南岸之中丁宫殿，虽是一难，却发生在皇室宫殿旧址，自是天数。乃急召龙王，说明缘由，命龙王火速营救刘秀。龙王立即唤来其九子赑屃，交代一番，那赑屃乃是水中哪吒，立即赶到郑州通济渠南岸，摇身一变，成为天狗模样，嘴里叼肥鱼，来到刘秀身旁。刘秀梦中只觉得一股热气扑到脸上，睁眼一看，一只硕大无比的黄狗立在身边，嘴里叼的肥鱼，已放在自己的嘴上。刘秀本已又饥又饿，不管三七二十一，张嘴就大嚼起来。朦胧中只见两只黄狗三来两往，叼来的肥鱼已使自己吃饱，将狗身上的长毛上的水吸入口中，犹如甘泉美酒，一会儿工夫，已是酒足饭饱，舒展眼神，很是舒畅。刘秀用手抚摸着黄狗说："以后若得天下，你功不可没。"话音刚落，黄狗已累倒在地，刘秀弯腰将手伸到狗的鼻子处，已感受不到狗的气息。刘秀手掘土坑，将狗葬入坑中。之后返身走出破败宫殿，进入郑州运河河谷，骑上骏马，一路向洛阳进发。到洛阳找到少年时同窗疆华，统领疆华部众十余万，杀回昆阳。亲领三千精兵组成的敢死队，冲毁王莽军百万之众，九月诛杀王莽。

此时，刘秀葬狗之地自成两个高大土冢，只因刘秀认为是二狗相救而起，在郑州运河两岸传出民谣：

狗冢坡，
狗冢河，
狗冢河里出赤符，
刘秀发兵捕不道。
四夷云集龙斗野，
四七之际火为主。

刘秀部队势如破竹、百战不殆，很快大河两岸乃至大半个中国，尽归刘秀所有。"符瑞之应，昭然著闻，以达天神，以塞群望。"刘秀于公元 25 年建立东汉政权，即帝位，年号光武，历史上称为光武帝。

须水西岗村关帝庙碑刻记载狗冢河位置

狗冢与狗冢河的故事也广为流传。郑州的这段运河被称为狗冢河，明永乐元年（公元 1403 年），因黄河水患，要迁开封府于郑州西部运河南岸，并划定四周边界，北边界至狗冢河，狗冢河南河谷被称为狗冢坡。

清代《荥泽县志》的县境图贾鲁河南岸有狗（溝）冢，而狗冢直至现在，仍矗立在郑州运河南岸。君若有兴，可前往一观，地址是郑州市西北小双桥村至于庄村之间，至狗冢河（现称索须河）约 300 米处。

## 第十节　曹孟德运河落马

曹操，字孟德，东汉末年风云人物。

世人了解曹孟德，是从我国四大名著的《三国演义》开始的，而三国演义以“刘备与孟德的争夺”作为主线，作者以“刘氏为正”的正统思想贯穿全书，将曹孟德塑造成“奸诈、残忍、无情无义”之人。曹孟德运河落马的小故事，还给你一个新的曹孟德。

东汉末年，宦官当政，军阀混战，蝗旱和人害并存，黄巾军与军阀共生，天下大乱到人相食的惨状。

曹操，字孟德，西汉初年宰相曹参之后，祖父曹腾封费亭侯，父曹嵩，官至太尉，入三公之列。

孟德少年即以机敏、灵动、放荡和进退自如而与众不同，汉末名臣官至太尉的桥玄一日见孟德，对孟德说：“天下将要大乱，没有扭转乾坤才能的人不能安天下，而能安天下者，非你没有二人，你要自重，要奋发。”

孟德二十岁，任首都洛阳北城门主管，以法行事，不避豪强。一日夜半，一个汉灵帝特别喜欢的内侍，名叫蹇叔的，带着他的侄子夜行到北门，不守法度，孟德下令将蹇叔二人用棒打死，孟德的这一行为得到朝廷正人君子的一致赞同，大家举荐孟德一升顿丘令，二升骑都尉，再迁济南相、东郡太守，任内免贪官、任清吏、查奸宄、行正风、绝祠祀、除鬼神，正风传遍朝野，孟德名声大振，很多人愿意与他结交。而看到世风日下的朝廷，凭一己之力难有作为，曹孟德称病辞官归乡，筑室城外，春夏习读书传，秋冬打猎自以为乐。

公元 189 年，军阀董卓把持朝政，废杀皇帝刘辩，立新皇帝，即汉献帝刘协，京都大乱，董卓知道孟德不但名望高，而且文武俱备，胁迫孟德与他共事，孟德不愿与董卓同流合污，就改名换姓，日夜兼程，自洛阳逃到陈留县，陈留县知名人士孝廉卫兹与孟德各自散尽家财，以诛杀董卓为旗帜，召集五千义兵，这是曹孟德在乱世中以正义之师保朝廷的开始。

公元 190 年正月，河北、河南、山东、湖北、安徽、江苏等地乱世英雄各举义兵数万，公推河北袁绍为盟主，曹孟德为奋武将军，讨伐董卓。二月，董卓收到袁绍、曹孟德的起兵消息，就将皇帝迁到长安，董卓自己留在洛阳，焚烧皇宫，聚集兵力，守成皋、荥阳，阻袁绍、曹兵西进。此时董卓兵强粮足，袁绍等人害怕不敌董卓，故而领兵不前，曹孟德对大家说："董卓虽强，但杀先皇、烧宫室、劫天子，洛阳民不聊生，不足为患，而我们举义兵、诛暴乱，大家已经兵临荥阳，一鼓作气攻取荥阳和成皋，直取洛阳，此一战天下可定，机会不可失啊！"袁绍等人认同曹孟德的看法，但仍领兵不愿作为先锋。曹孟德自领部下卫兹、曹洪等 5000 将士，奋勇向前，来到荥阳城东汴河（郑州大运河在历史上又称汴河），于北岸安营扎寨，准备攻取荥阳。

荥阳，汉代时已是天下重镇，城高 20 米，宽 30 米，全部夯土筑建，护城河水深河宽，西靠成皋之险，北依敖仓之粮而东扼平原，是守护洛阳的东部第一关隘，易守难攻，董卓派手下名将徐荣镇守。那徐荣 30 余岁，手持一支长枪，武艺出众，智谋多端，有万人敌之称。这一日，徐荣站在荥阳东城楼上，看见曹孟德领兵在汴河北岸扎营，曹氏新军，武器不精，军容不整，他计上心来，安排部下组织一千名弓箭手在前，一万名骑兵在后，于半夜起兵，徐荣亲自带领向曹孟德一部袭来。

曹孟德虽组建的是新军，但他出自名门，自幼熟读兵书，才力绝人，手射飞鸟，生擒猛兽，多次亲手杀死贼寇，知人善察，因而此次首招新军，不但卫兹、曹洪等将军皆是能征善战，而且兵士也是年轻力壮的习武之人。虽已到半夜，但曹孟德早已派出巡夜军士守在荥阳城外，徐荣一出荥阳城，就有军士报到曹孟德处。

只见徐荣领兵到了曹营前，徐荣一声令下，弓箭手万箭齐发，只是不见曹营动静，徐荣又一声令下，一万骑兵排山倒海般向曹营杀来，突然间，曹营也是一股乱箭射向徐军，虽然徐荣骑兵不少中箭倒地，但徐荣仗着兵多，霎时已冲到曹营前，曹孟德全身盔甲，一马当先，迎战徐军，只见汴河北岸，灯火通明，两军厮杀在一起，徐军虽多，但名义不正，军队斗志不强，曹军虽少，但青年壮志，以讨异贼，斗志旺盛，无不以一敌二，双方刚刚打成平手，战到一个时辰，徐荣与曹孟德相遇，二人你来我往，大战数十回合，胜败难分，此时，一支流箭射中曹孟德右臂，他稍一分神，徐荣一枪刺中曹孟德战马，战马受伤，前蹄突然跪倒，曹孟德跌下马来，徐荣见状，一枪向曹孟德刺来，正在危急时刻，部下曹洪杀到，大喊一声："徐贼休伤我主。"挺枪架住徐荣刺来之枪，并及时跳下战马，曹孟德骑上曹洪战马，不顾右臂剧痛，带伤与曹洪双战徐荣，战至天明，双方各自收兵。

徐荣与曹孟德在荥阳城力战数日，得到部下情报，曹孟德义兵已攻下敖仓，其他义兵接受曹孟德的建议，已向成皋城进发，徐荣独木难支，撤出荥阳，自回洛阳。

诸义军十万，受曹孟德荥阳汴河之战伤而不退，大战徐荣的鼓舞，一战而攻下成皋，大军直指洛阳，董卓眼看东来之袁绍、曹孟德义兵锐不可当，乃退兵长安，次年在长安被司徒王允与吕布所杀。

这真是曹孟德"起兵首战汴河岸，臂伤落马而不退，勇冠三军进洛阳，吓退董卓美名扬"。

此故事素材取自（晋）陈寿著《三国志·武帝本纪》。现在郑州大运河北岸有孟屯村，据传就是曹孟德大战徐荣的地方，读者可看《三国志·武帝本纪》，有兴趣可到郑州通济渠大运河北岸孟屯村一游。村民传说：三国末年，司马懿诛杀曹操后代，曹操一支后人为了逃避司马懿的杀戮，迁居此地。曹操，字孟德，他们便以“孟”为姓，始有孟屯村。孟屯村现有关帝庙，村民说是后人为纪念曹孟德与关羽过五关斩六将的故事而建。

## 第十一节　运河岸边习凿齿

郑州大运河山清水秀，人杰地灵，上下五千年，人才辈出，各领风骚，本节单表东晋年间习凿齿。

### 背景

（一）

晋书卷六：帝纪第六·元帝。❶

大兴元年（公元 318 年）六月，庚寅，以荥阳太守李矩都督习州诸军事、习州刺史。

大兴二年（公元 319 年）十一月，戍寅，石勒僭即王位，国号赵。

大兴三年（公元 320 年），秋七月，祖逖部将卫策大破石勒叛军于汴水，加逖为镇西将军。

（二）

晋书卷八：帝纪第八·穆帝。❷

永和七年（公元 351 年）辛未，征西大将军恒率众北伐，次于武昌而止。永和八年（公元 352 年），中军将军殷浩率众北伐，次泗口，遣河南太守戴施据石门，荥阳太守刘遂戍仓垣。

升平五年（公元 361 年），秋七月，慕容恪攻陷野王，守将吕护退保荥阳。

---

❶ 中原混战，晋室东迁，祖逖北伐，与石勒军战于汴水，石勒军败，折惠济桥西逃。

❷ 桓温北伐，荥阳是主战场。公元 369 年收复荥阳，时桓温位居大司马，都督中外诸军事，录尚书事，假黄钺，辅政朝廷，权倾朝野。

兴宁元年（公元 363 年），五月，慕容陷密城，荥阳太守刘远奔于江陵。

太和四年（公元 369 年），夏四月，大司马桓温率众代慕容暐。十一月，获慕容暐，尽收其地。

## 一、四海习凿齿

习凿齿，字彦威，湖北襄阳人，富威宗族，世为乡豪。凿齿少有大志，博学洽闻，以文笔著称江夏，深得江夏太守袁乔器重，推荐给时任荆州刺史的桓温。桓温称其才，留在身边任荆州从事，继而转主簿，习凿齿成为桓温隆密之友。

桓温，时有大志，在荆州刺史的职位上，战功卓著，升安西将军、徐州刺史、荆州刺史、都督荆司雍益梁宁六州军事、开府仪同三司。

习凿齿随桓温征伐，职掌军中机要，参与征伐策划，莅事议论事指要害，为桓温取得战争的胜利起到很大作用，深得桓温器重，进而重大事项指派习凿齿到京师向朝廷和皇帝汇报，使习凿齿有机会在京师结交文章之士韩佰、伏滔等，并相友善；习凿齿在京师觐见简文帝，得到简文帝司马昱雅重，任命习凿齿为别驾[1]。

习凿齿不但文采出众，而且具备一定的军事和从政经验。桓温北伐定中原后，委习凿齿为荥阳太守。至此，习凿齿成为鼎立中原，并在此段时间内影响东晋安危的重要人物之一。

此时的荥阳，在晋室之乱中备受摧残，先是西晋的“八王之乱”，由藩王争权，自相诛灭，遂使戎狄乘隙，毒流中原；晋室南迁，荥阳则成为东晋与戎狄争夺的战略要地，连年争战，使荥阳人民流离失所，城垣破败，交通阻塞，汴水失控，东晋亟须在荥阳建立战略中心，以稳定全国局势，确保东晋安危。习凿齿在这样危难的形势下来到荥阳，就任

---

[1] 别驾是指晋代州郡管理的副官职。

太守一职。

这时，有高才俊辩名士释道安自北到荆州，路过荥阳，慕习凿齿文武之才，于荥阳初见凿齿，两人一见面，互不相识，释道安自我介绍：“弥门释道安。”习凿齿对曰：“四海习凿齿。”两人相对大笑，时人传为佳联，同时表达了习凿齿此时此地的心情和报效国家的胸怀。

习凿齿任荥阳太守，立即制定八策，以拯救当时的危局，具体八策是：

一是招怀离散人民，远近即可归附。

二是加强军政管理，确保地区稳定。

三是组织钱、粮救济，确保人民生活。

四是安排农耕。

五是稳定商业。

六是恢复工业。

七是维修城垣，确保战事之需。

八是维护、疏浚运河。

八项主政政策的尽快落实，使荥阳形势逐渐好转，在这里只讲习太守维护、疏浚运河的故事。

## 二、重建惠济桥

汴水，汉代称汴渠，秦代称鸿沟，是沟通我国南北的水上交通命脉，也是东晋向中原地区运送军用物资、民用物资的通道，是东晋政权能否坚守荥阳，进而稳定中原的关键，而连年争战荥阳的各方都深知这一关键，各自根据需要，或堵塞河道，或拆毁桥梁，使此时的汴水河床严重阻塞，河水流量不足，漕运能力受限，桥梁损毁，陆路交通不通，严重影响了军民的正常活动。习太守据实考察，确定治理工程一是疏浚河道，连通上游水源；二是重建桥梁，恢复正常水陆交通。

疏浚河道工程，习太守采用军民合力的办法。工程进展很快，而工程的要点是汴水上惠济桥的重建工程。

汴水上的惠济桥，不但是荥阳运河的水上交通要道和漕运管理机构所在地，而且是洛阳至大梁（今开封）的陆路交通必经桥梁，其重要性是不言而喻的。而重建惠济桥的困难主要有两个，一是当时的荥阳没有石材，二是建桥没有技术人才。两个难题使主管工程的官员一筹莫展。习太守听到下属汇报，决定亲自参与惠济桥重建工程。第二日，习太守带一随从，微服到惠济镇私访。

习太守出了荥阳东门，向东北五六里路程，只见巍峨壮观一古镇，南门上大书“惠济镇”三字，从南门进入古镇南街，街两侧灰瓦青砖，商铺林立，西侧一驿站赫然入目，驿站大门北侧，一年青驿卒精神抖擞站地在门口值勤；街东侧一大布质商联斜挂，上书四个大字“邵家布店”，特别醒目。北行二百余步，南北大街与东西大街交汇的十字路口，更是热闹非凡，饭店、布店、杂货店、家居店、字画店林林总总，不下百家。其时接近中午，人群熙熙攘攘，叫卖声连成一片、热闹非凡。

习太守见一店门，上书“于氏医药堂”，信步走进医药堂，只见一位年约六旬的先生端坐桌后，微闭双目，给一妇人把脉。约半袋烟工夫，先生手指轻叩桌面，口中道来：“夫人有喜啦！”少妇站起，做个万福，小声说道：“谢谢先生，些许医资，望先生收下。”说罢，身后丫鬟递过一块银两，只听座堂老先生说：“夫人，还是老规矩，卖药收银，把脉免费，请回，请回吧！”那夫人又做个万福，说：“谢过先生。”转身欲去，只听座堂老先生说道：“夫人，人家十月怀胎，你则七月而生，千万珍重。”少妇听罢惊愕：“那我应该怎么办？”老先生说：“无有大碍，不要剧烈活动即可。”夫人又谢过先生，转身而去。习太守看得目瞪口呆，心里想道：“他怎知这夫人七月而生？我自看他医道如何。”看看四周无其他病人，就上前一步，坐在桌前，随口说道：“请老先生把把脉！”一边把手伸到桌上。座堂老先生把手搭在习太守脉上，老先生也不再问，又是微闭双眼，微观病人脸面，半袋烟工夫，缓缓开口说道：“贵客阴阳平衡，中气十足，只是‘千里一肠热，一念一心焦尔’。”习太守听罢，心里一惊：“此座堂老先生一语道破我的心事，真是医德高尚，医术妙手也。”遂站起，躬身拜曰：“老先生神医莫测，佩服，佩服。”“敢问贵客，从千里外来到荥阳有何贵干，以致如此心焦？”老先生问道。

“不瞒先生，我乃襄阳习凿齿，受朝廷委派，前来主政荥阳，任荥阳太守一职，因为惠济桥重建困难重重，今日前来实地踏勘，以求良策。”习太守回道。

老先生闻听习太守此言，立即起身，躬身回答：“不知太守驾到，有失远迎，谢罪，谢罪！太守乃中原名人雅士，文人以能赏太守文章为荣，今临寒堂，实乃三生有幸也！”先生回身招呼医药堂内侍说：“里间看茶。”

老先生将习太守让进里间，分宾主坐下，下人上茶。二人一边喝茶，一边聊天，老先生向习太守简要介绍了自己的身世。原来座堂先生姓于，名中黄，先祖曾跟扁鹊学医，流传百世，到于中黄一代，已在惠济镇行医数代，以德立医，以术治病，在荥阳郡已流传百年，人称于医仙。习太守说到惠济桥重建遇到石材和建筑人才两项困难，于中黄说：“此有何难，我向太守推荐一人，两项困难或迎刃而解。”

习太守急问：“此乃何人，有如此能耐？”

于中黄答曰：“此人姓张，名书基，其父在本朝惠帝年间曾任工部主事，退仕还乡。张书基年少随其父在京生活，耳濡目染，酷爱建筑艺术，青年即已是中原建筑名师，后看破红尘，出家为道，现已是耄耋之年矣。”

习太守问曰：“张道长现在哪所道观？如何求见呢？”

于医仙哈哈大笑："远在天边，近在眼前，太守莫急，随我前往，片刻即可见到张道长。"

二人说罢，一前一后离开于氏医药堂，边说边沿东西大街向东走去。走三五百步，只见一条大河横在眼前，河宽四十余步，河中舟船南来北往，两岸堤上杨柳飘荡，右侧汴水西岸一庙映入眼帘，只见雕梁画栋，甚是壮观，庙门上三个大字"玄帝庙"，更显庙宇神圣。门前一棵古槐，足有两人合抱之粗细。树下一躺椅，一人在躺椅上面河而躺，于医仙手拉习太守示意太守站下，低深浑厚的歌声逆风传来，聆听歌声乃是："汴水东流兮沟通南北，国家战乱兮庶民流离，何时一统兮一统何时？"

于医仙对习太守道："此人就是张书基道长。"

习太守听罢大喜，有此高人，建桥有望兮。

习太守与于中黄向玄帝庙急步走去，只听于中黄高声喊道："道长兄，贵人来访，请兄施展才华。"

只见那张道长缓缓站起，白发披于脑后，长髯飘于胸前，古铜色脸庞满带慈祥，悠然悠哉，朗声答道："何方贵客，有劳于兄相陪伴？"

于中黄笑答："襄阳习彦威，有劳道长相助。"

话语之间，习、于二人亦走到道长面前，说道："晚辈襄阳习凿齿，来到贵乡任职，特来请教。"说罢，躬身一拜。

张书基道长赶快虚手扶起，笑答："四海习凿齿，文武全才，天下皆知，来到玄帝庙，蓬荜生辉，主政荥阳，即我等父母官也，不敢受'请教'二字，快请到庙里一叙。"

说罢，虚手相领，张书基道长在前，习太守、于神医一前一后，进入庙中。庙门右侧，即是道长室，三人进入室中，分宾主坐定，道长说："已是午时，素茶淡饭，权当接风。"

习太守站起，谦让之词还未出口，二位小道童已用托盘将食物送入室中，只见韭菜炒鸡蛋、水煮黄豆、凉拌黄瓜、蒸山药四菜清香扑鼻，荥阳面条，白中透黄。于中黄说道："道长热道心肠，粗茶淡饭，太守不必谦让。"

张道长也说："道家斋饭，不成敬意，请太守不必介意。"

习太守说道："恭敬不如从命，多谢二位仙人款待。"

三人就餐，奉行圣人就餐不语之规，不消片刻，已是餐毕。道童撤去碗筷，奉上香茶，茶香直冲心脾，饮茶之中，话入正题。习太守开言道："道长高人，请赐重建惠济桥之策。"

张书基道长喝口香茶，长叹一声，说道："惠济长桥，说来话长。本道一生，多在此桥。青少年时，全国游历，喜好建筑工艺。本想以一技之长，报效国家。先是长年内乱，民不聊生，继而皇室东迁。戎狄乱我中原。苍生流离，何以此堪？我本一书生，如之奈何？曾以策论上朝廷，无奈草木之人之策论，如石沉大海，无有回音，心灰意冷，回到家乡，建此玄帝庙，借玄帝之威，以保汴水长流，造福社稷，惠及黎民。无奈石勒强盗，大兴三年，杀我人民，毁我惠济长桥。我每日坐在汴水西岸、惠济桥头，望桥兴叹，早盼朝廷，杀退敌寇，重修长桥，还我民众之平安。今彦威君到我荥阳任太守一职，实乃荥阳民众之救星。今日亲来惠济镇微服私访，实使老朽动容。不瞒太守，我常想重建惠济桥之策，已成竹在胸，只差一引领者，今日太守有重建惠济桥之动议，实乃老朽之盼也。"

此时，习太守、于中黄二人神情庄重，侧耳静听。

张书基道长伸手捧起茶碗，慢慢呷了一口茶，接着说道："大兴三年秋天，强盗石勒被祖逖将军战败，仓惶之中西逃，怕祖将军大军继续追赶，令部下拆了惠济桥，虽拆毁桥梁，但大部桥梁构件散落桥之四周和百姓家中，寻找回来，仍可使用。此种原材料可占重建桥梁的材料的一半；连年战乱，百姓流离，很多流离人家中都有收打庄稼的石磙，可用作桥基材料；戎狄强盗乱我荥阳，不但杀我民众，而且盗墓成风，荒野之中，被盗之墓中的汉砖、石刻比比皆是，汉砖可用来垒砌燕翅，石刻碑石可用作桥洞中缺失的条石、构石、卷石等。此等石材、汉砖，在田野之中，影响离散回归民众垦荒种田，而今用于重建惠济桥，一不需政府出资，二是就地取材，只需少许人力将这些材料收集即可，又利百姓耕种。此一举两得也。”

习太守、于中黄神医二人只听得轻轻击节赞叹。

只见张书基道长又呷了口茶，立身站起，在室内慢走，声音坚定地继续说道：“修建材料绰绰有余，只是解决民力和技术人员，本道可做技术总管，太守委派官员数人，民力五百，一月为期，桥自建成。”

只见习太守“啪”的一声，手拍茶几，身子站起，双手一拱说道：“道长胸怀，日月可鉴，本太守不言谢，三日之内，所需官员三名，石匠二十名，民工五百即能到位，另派郡卒十名，维持工程安全。一月之后，我与道长、神医开怀痛饮！”

说到此时，于中黄神医早已站立，三只乾坤之手紧紧握在一起，同声说道：“今日之会，君之畅快，君之愿也。”

三人重又坐下，天南地北，畅所欲言，不觉已是日落西山，庙内暮鼓响起，习太守命随从取出官银一块，约有十两轻重，来到玄帝大殿。习太守上一炷高香，求玄帝护佑惠济桥早日建成。

上香已毕，习太守向道长、神医二位高人告辞回府不表。

自时而后，习太守速派出所需人员，每旬日到惠济镇查看工程进展。张书基道长不分昼夜，安排施工。于中黄先生号召惠济民众多方支援。一月之内，惠济桥建成，雄姿再现（君若有兴，可到现郑州市大运河惠济桥观看桥体，乃是不同石材、不同砖块所建而成）。

习凿齿不但在荥阳太守位上从政声名远播，而且名留二十四史，其在郡所著的《汉晋春秋》一书更是流传千年。《汉晋春秋》起于汉光武帝元年（公元 25 年），终于晋愍帝（公元 420 年），共 54 卷。《汉晋春秋》一书所体现的史学观点对后世有很大的影响。《隋书》《新唐书》《资治通鉴》等史书多次引用习凿齿的历史论观点，反映了历代历史学家和政府对他观点的重视和认同。

习凿齿在荥阳太守位上，因病归襄阳故里，后朝廷召他到京主持书写国史，他辞而不仕，后卒于故里。

## 三、遗址尚存

功业之寿，汴水长流，垂于万世，惠桥千秋。

习凿齿百年后遗存遍布中原。他的墓址就有多处，一据《太平寰宇记》《明一统志》《大河一统志》《河南通志》记载：习凿齿墓在河南修武县西南太平乡习村；二据《明一统志》《大清一统志》记载，墓在江西宜县北八十里；三据《大清一统志》记载，墓在安徽元安州南雷峰岩。《江西通志》记载：江西万载县西的书堂山是习凿齿的读书处，新余县西北白梅峰有习凿齿庙；《陕西通志》载：在鄠县有凿齿村。

今湖北襄阳、江西新干、新余习氏族人集聚之地，以习凿齿为始祖。今河南邓州习氏，是由江西临江（今新干县）迁徙而来的，邓州习姓始祖习思敬，由新干县迁到邓州十林镇习营村，现习营村保留有《习氏家谱》，有习思敬墓，建有习氏宗祠、习氏历代名人堂、习仲勋纪念馆。

《习氏家谱》《习仲勋传》记载：习仲勋的家乡在陕西富平县西十五里习家庄，是光绪二十六年（公元 1900 年）习仲勋祖父习永盛一家人从邓州到此落户，建立新庄，起名习家庄。

按上述记载习凿齿家族传承：湖北省襄阳市—习凿齿—江西省新干县—河南省邓州市习思敬—陕西省富平县习永盛、习仲勋。

读者有兴趣，可带晋书一册，沿郑州惠济桥—修武县太平县习村—襄阳市—江西省新干县、新余县—河南省邓州市十林镇习营村—陕西省富平县习家庄，一一旅游，体会习家文化。

## 第十二节 纪信丰碑传奇

沿郑州大运河南北两岸，风光秀奇，人才荟萃，纪信丰碑是其中最具有传奇色彩的故事之一。沿郑州大运河北岸，距索水与须水交叉口东北约 500 米处，即为郑州纪信庙，庙内的“汉忠烈纪公碑”是名扬国内外的“纪信丰碑”，此碑不但因为书法好、表述的故事好、石材的质量好而成为河南省文物保护单位，而且此碑碑阴所记载的传奇故事更为添彩，而成为荥泽运河八景之一。

公元 713 年，唐王朝皇室发生多次宫廷政变，武则天的孙子李隆基登上皇室宝座，史称唐玄宗，年号“先天”。玄宗当上皇帝后，想到

汉忠烈纪公碑碑首拓片

自先祖李渊、曾祖父李世民，朝廷忠臣满朝、社会发展、人民生活改善，朝野一片赞扬，而自祖父、父亲二朝，奸臣当道、朝局动荡、社会不宁，就决定自己当上皇帝后，一定要重用忠臣，发出圣旨两道，一是表彰历代忠臣，二是全国推荐忠孝之贤才进朝当官，并特旨，封大汉功臣纪信为“骠骑大将军”。

话说表彰历代忠臣的圣旨传到河南郑州荥泽县，时任荥泽知县的孔祖舜，乃是孔圣人的后人，最是提倡忠孝节义，接到圣旨大喜，孔县令手握圣旨，立即召开全县官员会议即士绅会议，决定给“忠烈王纪信”建庙立碑，政府经费不足，孔县令在会议上表态，自己先捐出本人俸禄一年，补充建庙立碑经费，官员和当地乡绅本来就对大汉朝功臣纪信顶礼膜拜，看到父母官孔县令自捐俸禄，也纷纷解囊捐款，不到数日，经费绰绰有余，建庙工程立即开工，庙规模按中轴线分为山门、前殿戏楼、中殿和后殿，木材、砖瓦等建筑材料源源不断地运到工地，孔祖舜亲自在现场指挥，好一派繁忙热闹场面。

这一日夜晚，刚用过晚饭，县丞张知之来报：“知县大人，本人奉命采购石料，给骠骑大将军纪信立碑，可郑州本地广武山乃是土山，没有立碑大石，请示知县怎么办？”孔县令听到汇报，陷入深思之中，河北焦作之山石，石质多呈灰色，不够坚硬，而密县、登封、荥阳一带石质乃是青石质，石料可用，但此等区域山高路险，运输困难，孔知县与县丞二人商讨到深夜，没有办法，县丞告辞，孔县令也拖着疲惫的身躯上床睡觉，片刻，鼾声已起，进入梦乡。孔县令只觉独自一人走进荥泽城隍庙威灵殿中，只见城隍爷端坐神龛，口中念念有词：“来者可是荥泽知县孔祖舜？”孔知县听到城隍爷问话，立即端跪堂前，行礼回答：“正是下官。”“深夜来探本神何事？”孔祖舜听到城隍神所问，立即回答：“当今皇上圣明无比，已下圣旨，为历代天下忠臣义士建庙立碑，以示表彰，鼓励今人忠于朝廷，为国家出力，并下特旨，封忠烈王纪信为骠骑大将军，并在本县纪信墓范围建纪信墓，并为忠烈王立碑，现在庙已开工建设，只是立碑石材难觅，特来请神指点迷津。”孔祖舜说罢来意，深深将头叩下。只听城隍神说道：“先天皇帝所做之事，本神已知，这乃是好事，本神当年在荥阳为救汉高祖脱险，被项羽火焚，感动天上玉皇大帝，玉皇大帝派太白金星用巨石托我升天，而后玉皇委任天庭官员，派我为城隍神，主管天下官绅士人，赏善惩恶，本神看你为官清廉，造福一方，清运河而灌农田，引百姓而问善，前途远大，你自回吧，本神自会助你。”忽听鸡叫三更，孔县令醒来，乃是南柯一梦，立即起床，洗漱完毕，只听府外似有千人呐喊之声传入耳中，急忙忙赶到府门，众百姓欢呼声连成一片，站在前面的十几位老者泪流满面。孔祖舜见状，不知何事，赶忙躬身一拜，说：“众位乡亲，有何见教，请讲。”只见一为首耄耋靳老者，乃是汉代大将靳疆之后，跨前一步说道：“知县大人，大喜，大喜！”孔县令问道：“何喜之有？”靳老回道：“今早我儿在田里耕田，犁到田头，只听“铛”的一声，犁尖已断，翻开田土，下面像是一石，喊来家人兄弟，将石清理出地面，此石长一丈有余，三尺多宽，石首六条蟠龙，栩栩如生，石身无字，此番要为纪信爷立碑，此石现世，莫非天意吗？现请县太爷前往观看。”孔县令听罢一番述说，立即在靳老等人的带领下来到靳老的庄田前，只见一巨石横在眼前，青石材质闪闪发光，石首巨龙呈腾飞之状，石身平整无暇，真乃天赐巨石，孔祖舜想到夜中之梦，方知是城隍爷纪信显灵，立即热泪盈眶，面对千余乡亲，将昨夜梦中经历告知众人，众人齐呼城隍万岁，城隍神威灵！众人欢呼之时，只见一中年人，风度翩翩，分开众人，走到孔县令面前高呼一声：“孔君安好！”孔县令回头一看，吃了一惊，问道：“君是范阳藏用兄吗，一别二十余载，怎一下来到鄗县？”只听中年人答道：“正是子潜也，我已辞官隐居多年，近日住在贵县苏楼村崔家巷，闻听孔兄建纪信庙，立纪将军碑，特来助兄一臂之力。”看官，你道来者何人？

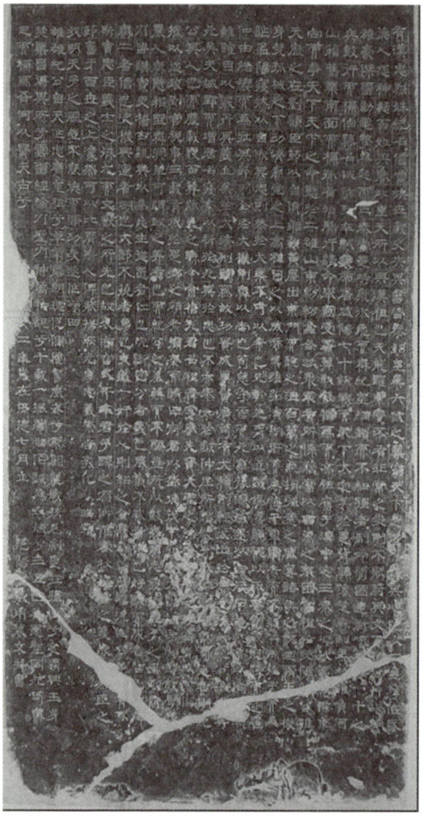

汉忠烈纪公碑碑身拓片

此人姓卢名藏用，字子潜，范阳人士；书法文章天下一绝，考中进士而隐居，与荥泽知县孔祖舜曾是同窗，后到长安，官至丞相，此是后话，不提。只说孔祖舜、卢藏用二人携手大笑一阵，话归正题，说到为纪信将军立碑一事，卢藏用当仁不让，当即下笔如有神，洋洋洒洒“汉忠烈纪公碑”碑文近千字跃然纸上，众人当场一片惊叹，真乃神笔，神词，神字！

第二日，县丞张知之找到当地刻碑名人张敬亲自镌刻“汉忠烈纪公碑”，众官员士绅商讨，一致认为，此石似当年纪信爷焚身时坐石升仙之石，今又城隍爷显灵，升仙之石再现，应该将此经过刻石纪念，于是，又由卢藏用将得石立碑经过撰文刻于碑阴。旬日之内，这座纪信丰碑即立于纪信庙中殿月台之前。

数年后，朝廷考核有功忠臣官员，孔祖舜廉洁从政，发扬忠孝，倡学育人，勤而务农，政绩显著，迁京城长安，任监察御史。

纪信丰碑至今已有一千三百多年，历代朝廷、名人多有祭拜，题诗以歌颂，现在已成纪公碑林，并且作为郑州大运河相关遗产，迎接国内外游客观览。

## 第十三节　孔巢父虎穴劝降

孔巢父，唐代冀州（今河北冀州市）人，字弱翁，孔子的第三十七代孙，曾与李白、韩准、张叔明、陶沔、裴政在徂徕山隐居，世称“竹溪六逸”。初入仕途时，难免不习惯官场的习俗，天宝六年（公元747年），辞官归隐江东。

归隐之后，孔巢父寄情于山水间，生活过得倒也痛快！

唐代宗广德年间，巢父复出，任朝廷的御史大夫。到了德宗时，泾原兵变，形势很危急，德宗皇帝被迫逃到奉天（今陕西乾县），孔巢父屡献破敌之策，深得皇帝信任。不久被授予“魏博宣慰使”一职，因为魏博节度使田悦勾结其他叛将一起作乱，致使兵连祸结、生灵涂炭，给国家及社会稳定造成极大的破坏，但是此时朝廷猝不及防，无力征伐，只好派孔巢父一介文人去“宣抚安慰”这些叛将。这些骄兵悍将，皆是亡命之徒。他们目无法纪，稍有不慎就会有生命危险。

孔巢父受命之后，不敢耽搁，即刻起身前往魏州（魏博节度使驻地，今河北大名），到达敌营之后，孔巢父并没有轻举妄动，而是暗暗观察敌营内的情况，发现田悦的部众对其多有不满，于是因势利导，对部众们宣说君臣大义，闻者欣喜异常，并且感动地对他说道：“听了孔大人这番话，我们真没想到这辈子还能够再次感受到君王的教化和恩典！”纷纷表示赞同。听到这些话，孔巢父心里有底了，但是他知道身在敌营一时一刻也不能疏忽大意，暗自等待最佳时机的到来。

孔巢父作为朝廷的特使，代表着皇帝而来，田悦虽有反心，面子上还是要照顾的，于是照例设宴款待来使，借以窥探朝廷风向。宴会上，酒过三巡，菜过五味，田悦酒酣之余，仗着自己兵多粮足很是得意地向孔巢父夸耀自己骑马射箭的本领，以表明他拳头有多硬，还吹嘘：“皇上要是能重用我，肯定会无坚不摧！”孔巢父闻罢，缓缓说道：“将军若真有这本领，如果不早日报效朝廷，恐怕只会落得个贼寇的名声罢了！”田悦一听，心里一惊，暗想自己和朝廷作对，只会落得个贼寇名声，实在是划不来，结结巴巴地说：“俺做贼是好贼寇，做臣子就是个功臣……”孔巢父听完他这句话，意识到劝说田悦归顺的时机已到，对他诚恳地说：“现在国家有难，大局不稳，还希望将军能够以国家为重，辅佐皇帝平息动乱啊！”田悦闻罢赶紧从座位上起来，连忙作揖拜谢！到此为止，田悦最起码从心理上已经归顺朝廷了，事情本可就此结束，但是几天之后田悦却突然死了，既然已经表示归顺朝廷了，怎么又会离奇死亡呢？这其中又有什么玄机呢？

原来田悦背叛朝廷、为非作歹，早就招致部下的不满，孔巢父的到来不仅给大家带来了希望，更带来了对正义的向往，纷纷对其表示欢迎，而正在这时候，田悦帐下有一个叫田绪的人犯了事被免职，这个人不是别人，正是田悦的堂弟，也就是前任节度使田承嗣的儿子，他万万没想到老爹临死前居然把这个位子给了自己的堂兄田悦，心中大为恼火，一直盘算怎么干掉田悦，才能让自己登上节度使的位子，正好自己被免职，趁着此时人心摇动，于是一不做，二不休，就此机会把他堂兄田悦给杀了。

田悦被杀，六军无主，田绪为了早日登上节度使的位置，当务之急就是得到朝廷的册封，于是和大将曹俊找到孔巢父，将杀死田悦一事告知他。孔巢父在惊奇之余，面对突如其来的变故非常冷静，他对田绪行为的意图非常明了，如果现在不满足他的要求，以田绪的为人很有可能拥兵自重，到时再生祸端，于国于民，都是莫大的危害，于是答应他的意图，让他暂时统理军中事务。

魏博节度使总算是归顺朝廷了，孔巢父长出了一口气，办妥了后续事宜，马上回奉天复命，皇帝得知魏博已经归顺服从，大喜，称赞孔巢父一副铁嘴钢牙胜过百万雄师，谈笑间就把困扰朝廷很久的难题给解决了，这件事在朝廷中被传为美谈，因此孔巢父更加受到皇帝的器重与信赖。

经过“安史之乱”的打击，此时的唐王朝国势已经开始走下坡路。魏博的形势刚刚有所好转，一个叫李怀光的武将又开始叛乱，这李怀光本是朔方节度使，泾原兵变时曾救驾有功，但是为人粗暴固执，仗着自己有功肆意妄为，导致皇帝不满，皇帝的不满反而招致李怀光气急败坏，于是他在暗中密谋准备造反。

俗话说，天下没有不透风的墙，李怀光密谋造反的事情传到了德宗皇帝的耳中。面对这种情况，皇帝别无良策，只能以招抚为主，那派谁前去呢？自然而然地想到了孔巢父，于是皇帝下旨令孔巢父再次充当宣慰使，去招抚叛将李怀光。

孔巢父深知这次的差事比上次招抚田悦更加凶险，因为田悦虽反，但是他为人还算忠厚，而李怀光则不同，不仅性情粗暴，还曾扬言要杀掉皇帝身边的宰相。官员们都很怕他，很多人唯恐避之不及，只有孔巢父从容领旨，踏上了前往敌营的路途。

孔巢父一路上心事重重谋划劝降之策，李怀光及部众桀骜不驯，如果不能使李怀光部归顺朝廷，孔巢文已做好了以死报国的准备。

此时的李怀光盘踞在河中（今山西永济县），他早已知道孔巢父劝降田悦的事情，并且还有传闻说，是孔巢父联合田绪一起杀了田悦，现在听到孔巢父要来，怕自己也会落得个身首异处的下场，想到这里，立即安排部众们做好准备。

孔巢父一行人来到了中军大营，立刻感到杀机四伏，但是还是从容不迫地宣说皇帝的旨意，让他们在军中另选一个人来接替被免职的李怀光，让李怀光离营前往上都面见皇帝，这本来是皇帝的旨意，也没有什么过分的要求，并且还特别关照，李怀光的家属可以自愿跟随，但是这却引起了李怀光部下的不满与骚乱，他们叫嚣说李怀光没有了职务，皇帝老子不公，一定要替他出气，一下子就把孔巢父围了起来，五花大绑准备杀害，这一幕李怀光看在眼里，如果他以大局为重的话应该全力制止，孔巢父毕竟是代表皇帝的使者，但是他默不作声，放任手下骄兵悍将的作为。

终于在李怀光的默许之下，孔巢父被杀害了。

孔巢父的死讯传到朝廷后，德宗皇帝极为震惊与悲痛，他决定发兵讨伐李怀光，河中最后被收复了，李怀光随后也被部下杀死，就在收复河中之日，德宗下诏举行隆重的葬礼来安葬这位忠心报国的臣子，以示哀悼，并且追赠其为尚书左仆射，谥号为“忠”。

孔巢父为国尽忠，他的儿子孔戢、侄子孔戣都是朝廷的忠臣，孔戣为官期间向皇帝积极谏言、指责时弊，很受皇帝器重，去世之后葬在汴水上源、枯河北岸的广武原（今郑州市惠济区古荥镇），后世子孙为了恪尽孝道，即从山东曲阜迁居于此，逐渐发展成当地望族。这里山清水秀，孔巢父的后辈们在这块沃土上繁衍生息，能臣辈出，两度出任大唐宰相的孔纬就是孔氏家族的杰出代表。在宋代，朝廷以孔巢父为荥阳孔氏之祖，建孔氏家庙以示纪念，现在的荥阳故城内仍保留有孔氏家庙。

## 第十四节　免死铁券十张——孔纬

孔纬，字化文，曾祖父孔巢父，孔子三十七世孙，玄宗时任御史大夫，“安史之乱”中奉皇帝命宣慰乱军被害，赠尚书左仆射，谥号“忠”。祖父孔戣，进士出身，历任太子侍读、给事中、岭南节度使、吏部侍郎、左丞，在礼部尚书之位上告老还乡，享年73岁。赠兵部尚书职衔，谥号“贞”，父尊儒，早丧。

孔纬年少多与当世有名望的人游历山水，其才能和名望很快在官场中流传，被皇帝批准进士及第，历任地方官员，升监察御史、礼部员外郎、集贤直学士。后因母亲去世，为母亲守孝三年后方回归朝堂，又任翰林学士制诰，专司起草皇帝诰命。后迁户部侍郎，升御史中丞。孔纬因在朝处事光明磊落、疾恶如仇而闻名朝野。三次任职吏部侍郎，主管官员任命升迁，一时权贵盈门，私下求见者络绎不绝，孔纬一概避而不见，他只在朝堂办公，办理官员任职升降。时间久了，引起部分权贵阶层的不满，后又改任太常卿。

公元873年，唐僖宗即皇帝位，此时唐王朝已近末世，战乱频繁，唐僖宗一路逃亡到四川，孔纬跟随左右护卫护驾，任职刑部尚书监管户部事务，处理朝廷相当一部分公务。唐僖宗一路避难暂住四川陈仓，此时皇帝身边仅剩数百护卫，百官流散，皇帝任命孔纬兼任御史大夫之职，命其寻百官前往陈仓商讨国事。而此时群臣露次荒野，被盗贼侵夺，衣食尽失。上至宰相，下至文武百官和孔纬论及护卫朝廷之事，或者拒绝前往陈仓，或者干脆避而不见。孔纬请皇帝颁下诏令遍寻百官，命其前往陈仓见驾，而群臣仍无行动，孔纬看到只用寻常方法已不能保证皇帝的安全和朝廷的正常运转，便利用自己御史大夫的身份，动员自己的部下说："我等身为御史，身被皇帝恩泽庇佑，身负护国使命，当义不容辞。今皇帝陛下下旨召见群臣，群臣却不能前来陈仓护驾。平民百姓有难，尚且能相互帮助扶持，何况我们这些身居高位、拿朝廷俸禄的官员呢？我们大家都应是为国为民敢作敢当的人，在此国家危急的紧要关头，难道不应该挺身而出吗？"孔纬威望本就颇高，大臣们闻听此言，对孔纬更是敬服，激起了护国的决心，纷纷表示："大丈夫，大夫也！吾等愿追随大人护卫朝廷。"孔纬便联络各界忠勇之士，连同百官和随从们编成临时军队，各人自带军械粮食，组成一支临时军队，赶赴位于陈仓的皇帝临时行宫。

一日，唐僖宗在陈仓行宫与孔纬商议国事，孔纬给皇帝谏言："陈仓地处偏僻，朝廷兵力无多，附近乱贼朱玫必来侵犯，请圣上将行宫移至梁州。"皇帝问："爱卿觉得何日去往梁州合适？"孔纬回答："尽早去比较安全，明日可行。"皇帝说："全凭大夫安排便是。"第二天，孔纬与临时组成的护卫军队保护皇帝一行前往梁州。朝廷一行前脚刚走，反贼朱玫便带兵攻到了陈仓，结果扑了个空。朱玫气急败坏，想要继续追赶皇帝一行，又怕孔纬做好了防范准备早有埋伏，只得作罢。经过此难，皇帝看到孔纬不仅有对朝廷对国家的一腔忠心，更是有勇有谋，便任命孔纬作兵部侍郎、同中书门下平章事（唐王朝宰相别称）。朝廷平定朱玫等反贼的叛乱后，返回都城长安。孔纬后又领诸道盐铁转运使（盐铁转运历来为国家的经济命脉）、尚书左仆射（唐代首相，尚书右仆射为次相）。皇帝赐其"持危启运、保义功臣"等名号，并赐十张免死铁券，盛极一时。

公元 889 年，唐昭宗即位，封孔纬司空、司徒。太尉、司空、司徒都是朝廷三公之一，是皇帝以下最高的三个官职。司徒是管人、管地的官，唐太宗李世民就曾经做过司徒。唐昭宗还封孔纬为鲁国公。

此时，国家西南地区战乱不止，历任地方官员均无法平息叛乱，朝廷百官无计可施，就命孔纬暂停宰相之职，亲任荆南节度使前去平叛，以改变西南战乱局面。不多日，朝局又乱，朝廷大臣们无人管制，有的就结交外臣、内外勾结、对抗朝廷，皇帝的诏令已经无人执行。无奈之下，又召孔纬入朝主持朝局，官拜吏部尚书、司空、门下侍郎，重新辅佐皇帝管理朝政。后孔纬积劳成疾，见皇帝时呜咽流涕，表示自己年老体衰又多病，不能担任宰相之职，望皇帝恩准告老还乡。皇帝动容，批准孔纬告老后仍居京城长安。一来方便皇帝必要时咨询其军国大事，二来京城名医云集，方便为孔纬治病。孔纬说："天下已经大乱，无良策治理，我已经身心俱疲、心力俱失，不再求生。"因此，拒绝服药，不日而卒，朝廷追封其为太尉。

我国历史上，许多朝代都有对功臣良将赐免死铁券的记载，野史小说对免死铁券更是津津乐道，而像荥泽孔纬这样被朝廷赐十张免死铁券的，可以说是前无古人，后无来者！

# 第十五节　郑覃批评皇帝

## 一、忠言直谏

郑覃，是宰相郑珣瑜的长子。唐元和十四年（公元 819 年），任朝廷谏议大夫。二月，唐宪宗任命宦官五人代表皇帝出京城巡视地方，郑覃向皇帝上书谏言：不能用宦官代表皇帝出巡，唐宪宗听从了郑覃的建议，取消了对五名宦官的任命。十二月，郑覃又上书批评皇帝："陛下即位以来，宴乐过多，巡游无有节制，昼夜与宫女待的时间太长，肆意赏赐亲近的人，造成政事混乱，劳民伤财，您浪费的金银货币，都是民脂民膏，希望皇上改掉这些不良的行为，若能如此，乃天下之大幸。"皇帝看到后思之再三。由一开始的不高兴到后来意识到郑覃的良苦用心，便召他说道："这些都是我的过失，你能直言规劝，乃是忠臣的行为啊！"并再三吩咐郑覃，以后若有什么事情奏报，可直接面见皇帝，当面细说。此事很快就在朝廷传开了，朝臣们都说，像郑覃这样有胆量的人满朝文武也找不出第二个啊！

## 二、建议废除科举制

唐大和六年（公元 832 年），郑覃升任宰相，向文宗皇帝上书：朝廷选官，应当任人唯才（指才能），而不能只看文采。南北朝至今，选官科考都只是考试文采，谁能写出锦绣文章，谁就能为官。但实际上文采并不能和才能画等号，许多有文采的人当官并不能很好地治理一方，为朝廷分忧。皇帝应该改革现有的科举选人制度，挑选真正有才能的人担任各级官吏。皇帝说："科举取士制度已经沿用了二百多年，祖宗之法岂可说改就改啊！”郑覃说：“科举制度不宜轻易更改，但是也不要过分抬高科举人才，而要加以考察，任用真正有治国才能的人，而空有文采却不会治国理政的人，则不必委以重任。”皇帝说：“你的建议很好，但朝廷内有很多这种空有文采之人，这种风气就如殿前的香炉，刚刚铸成使用，华丽夺目，用的时间长了，就失去了光彩，不如原先美观了，必须进行必要的修饰，才能如初美好。”郑覃说：“陛下已看清了官员们存在的问题，朝廷必须改变这种不良的风气，提倡官员讲究务实的办事作风，严厉禁止因人情升迁谋官的状况。”皇帝说：“应该这样，你要助朕一臂之力，振举法度，形成敦厚务实的朝廷风气。”

距今 1200 左右年前，郑覃就看到了科举制度的弊端，产生了取消科举制度的想法，可知郑覃的目光如炬、眼光超前。只是封建社会形成的强大意识形态和制度，并不会因为个别人的不同看法而有所改变。直到 1905 年九月，张之洞、袁世凯奏请清朝廷取消科举制度，推广学堂，咸趋实学，获得朝廷允准，自 1906 年以后，我国延续了一千余年的科举制度终于被取消，颁发各类教科书。

### 三、高居相位清正廉洁

郑覃历经宪宗皇帝、穆宗皇帝、敬宗皇帝、文宗皇帝、武宗皇帝五任皇帝，在皇帝身边辅佐朝政二十余年，历任工部、刑部、太子太师、宰相，封荥泽郡公，授司徒，身居高位多年。但是郑覃自担任朝廷官员直到致仕，所居府第不加修饰，不纳媵妾，对子女要求特别严格，子女嫁娶不看门第，只看中人品和才干。郑覃处理政务公正清明，对待官员百姓均一视同仁，不徇私情，不结党营私，对官场的丑恶现象绝不姑息纵容，疾恶如仇。后因年老多病，自请辞去宰相之位，后来朝廷仍需郑覃担任宰相之位来稳定朝局，郑覃便五日一入朝商讨朝廷军国大事。据史料记载：“帝善其将美。”意思就是皇帝也称赞郑覃品德优美。

# 第十六节　李斌传奇[1]

北风裹着米粒般大小的雪粒，飘洒在今内蒙古赤峰市宁城县城内外，天地混为一体，只有雪粒飘下的沙沙声有节奏地响，大宁城内一片宁静，20 米宽的护城河水早已冻成了冰河，雪粒落在冰河上，冰层越来越厚，两岸积雪已有一尺来深，将大地变成一马平川的白，白雪掩埋了一切，湮没了乾坤和世界。

明建文元年（公元 1399 年）十月初六，大雪过后的早晨，太阳格外耀眼，李斌全副甲胄，手持寒光闪闪的大刀，笔挺地站在城门外的吊桥边上。

燕王朱棣、宁王朱权二人手牵手从城内有说有笑地走了出来，兄弟二人走到护城河吊桥边，燕王朱棣看到站在吊桥边上的李斌，身长六尺，虎头豹身，目不斜视，脸上肌肉如剑刻一般，宁王朱权看到哥哥不停地打量着李斌，开口说道："四哥，这是我帐前护卫，最忠心也是武艺最高强的护卫之一。"只见燕王朱棣仍继续看着李斌，说道："好，好，好。"连着三个好字从燕王嘴里蹦出，向李斌问道："你叫什么名字？"李斌并没有回答，只是用探寻的眼神看着宁王朱权。朱权说："回答燕王问话。"李斌一个打挺，响亮地回答一声"是"，转脸面向燕王朱棣，脆声答道："回燕王，小兵李斌。"只听燕王又问："哪里人氏？"李斌正色答道："荥泽县李家庄人。"燕王又问："今年多大了？家里还有什么人吗？"李斌神色略哀伤："卑职已到而立之年，父母早亡，哥哥已成家另过。"

宁王朱权看燕王朱棣与李斌一问一答，心知四哥已相中李斌才干，便称赞李斌忠勇，乃可造之材，提议将李斌交由朱棣调遣。燕王朱棣自

---

[1] 选材于《明史》《荥泽县志》、李斌墓碑。

然喜不自胜，问李斌：“你可愿跟随我吗？”李斌回答：“悉听我主指派。”宁王说：“现在，你跟我的四哥燕王朱棣吧。”只听一声清脆的“听令”，李斌已站在燕王身后，后随燕王北上至北京。

燕王是明太祖朱元璋第四子，生于朱元璋与陈友谅鄱阳湖大战的战场上，洪武三年（公元1370年）封燕王，封地北京，其貌奇特伟岸，美胡须，智勇双全，运筹帷幄，诚信待人，知人善任，屡立战功，稳定了明王朝北部疆土，击灭元王朝残部，威名传遍朝野上下。

洪武三十一年（公元1398年）五月，明太祖朱元璋病死，传位于皇太孙朱允炆，年号建文。重用齐泰为兵部尚书，黄子澄为太常卿，一同参与国事。朱允炆即皇帝位三个月，听取齐泰、黄子澄二人建议，消除诸王（朱元璋封其十七个儿子为王，分封全国各地）权力，以防不测，担心诸王会对朝廷不利或者反叛朝廷。朱允炆即位四个月，废周王橚（燕王朱棣同母弟）为庶人，流放云南；即位七个月后，派人暗查燕王朱棣；建文元年四月（即位九个月），杀湘王柏，罢免齐王榑、代王桂王位，废为庶人；六月，罢免岷王楩王位，废为庶人。

燕王朱棣看到如此情形，想到下一个遭罢免或者流放的可能就是自己了，便于这一年金秋七月，上书朝廷，说朝廷内有奸恶，要求清君侧，发动了靖难之役。

公元1400年，李斌随燕王朱棣向南京进军，夏四月战于白沟河。白沟河之战是燕王兵力与朝廷兵力之间最关键、也是最激烈的大战之一。朝廷军队由名将李景隆为主帅，领兵六十万，燕王部队二十万，在白沟河西岸展开激战。战前，李斌是燕王朱棣护卫之一。

朝廷猛将平安、郭英、翟能各率本部兵马三千，分三路向燕军发起猛攻，在他们背后，是六十万大军如洪水般的进攻，燕军队伍被击败后撤，燕王真是具有力挽狂澜风范的将帅，只见燕王在二十万大军撤退之时，带领三名护卫紧随撤退部队的后面，三名护卫之中，李斌就是其中之一。等到休战时已是深夜时分，漆黑的夜晚伸手不见五指，朱棣一行四人迷了路，分辨不出东西南北。此时，白沟河之水在大战之后的深夜静静地流淌，只见燕王朱棣下马，他在河床之上，将手伸入水中，李斌等三名护卫也趴在河床的地面，将手伸入河水之中，根据水流的方向，分辨出东西南北，终于回到了军营之中。交战双方在这个漆黑的后半夜，也没有休息，而是准备第二天的大战。

第二天天一亮，朱棣的燕军部队在白沟河北岸，南军在白沟河南岸，两军又展开了激烈的战斗，南军的将领平安、翟能各自带领兵马，绕了很大的圈子，渡过白沟河，绕到了燕军的后面，此时燕军三面受敌，被南军团团包围，必败无疑，朱棣的作战计划被彻底打乱。在此纷乱危险的战局中，朱棣进行了短暂而冷静的思考，想要扭转不利的战局，只能使用精兵，攻击南军的中军，才是取胜的唯一战法。在这种危急的情况下，朱棣显现出了勇将之风，身先士卒，带领大将房宽、邱福向南军中军奋战拼杀。此时战场上的士兵已经杀红了双眼，从天亮一直战斗到黄昏夕阳西下。双方的军队都乱成一团，仅能依靠军服分辨敌我，只看哪一方能够坚持的时间更长。此时李斌手握战刀，紧随朱棣身后，悄无声息地慢慢混入南军的中军之中。李斌猛一抬头，见不远处南军的指挥帅旗还在迎风飘扬，他心想，我若砍断敌军帅旗，必会乱了南军军心，只见李斌不动声色地慢慢接近敌方的帅旗，很快就来到帅旗的旁边，只见帅旗四周几十名武士护卫，无法接近。此时突然一阵狂风卷来，飞沙走石，直刮得南军护旗士兵睁不开眼睛。说时迟那时快，李斌快步上前，一刀向敌方帅旗砍去，帅旗应声倒地，李斌灵机一动，大声呼喊：“李景隆已死！李景隆已死！”他的呼喊声随风飘荡，南军在混战中看到自己方的帅旗已经倒下，顿时惊恐不安，再听到李斌“李景隆已死”的呼喊声，早已斗志全无。朱棣大喜，高声呼喊：“李斌，烧掉敌军帅帐！”李斌听令点燃火把扔向南军帅帐，借着风势，南军军营顿时陷入一片火海之中，南军部众见此情状纷纷四散而逃，南军大将翟能战死，主帅李景隆见大势已去，率残余部众向南逃窜，老将郭英独自向西逃窜，大将平安随败军南逃。南军兵败如山倒，折损二十余万兵力。

白沟河大战持续了两天两夜，以燕军的胜利而告终。经历此次战斗之后，燕王朱棣逐渐掌握了战场上的主动权，而李斌在战场上的勇猛机智，为燕王朱棣立下了汗马功劳，朱棣封李斌为小旗（明代军队中的低级军官）。

建文二年（公元1400年）十一月至次年元月，燕王朱棣攻克沧州、德州、济宁、临清，发兵东昌，开始了与南军的第二次决战。南军主帅是青年将领盛庸，领兵二十万，与燕军数量旗鼓相当。首战，燕王朱棣看盛庸年轻，产生了轻敌的情绪，结果却中了盛庸的埋伏，朱棣采取中央突破战术，想一举攻入南军大营，给南军以致命的一击。朱棣亲率骑兵冲进南军大营，惊奇地发现南军大营已是一座空营，南军将士从四面八方涌过来，朱棣发现上当想撤退却为时已晚。李斌紧紧跟随朱棣，浴血奋战。敌兵越来越多，朱棣已被重重包围。此时，朱棣手下大将朱能、张玉率兵赶来救援，朱能保护朱棣杀出了重重包围，大将张玉战死沙场。

建文三年（公元1401年）三月，东昌大战的第二回合打响，交战双方各带二十万大军在夹河交锋。这是一个晴朗的初春的早上，小草新绿初发，双方四十万身强力壮的兵士身披铠甲，手持刀枪，一场你死我活的大拼杀即将上演。

南军将领盛庸准备了大量火器布防在南军前方和左右两翼，只等燕军来攻。燕王朱棣身披铠甲，手持利剑，骑白马威风凛凛地立于诸将士前方，李斌手持明晃晃的战刀，骑骏马紧随朱棣身后。忽听一声战鼓擂响，双方立刻陷入了一片激烈的混战之中，燕军对南军发起了猛烈的攻击，而南军并不出击，只是用火器和弓箭一次次地击退燕军骑兵的进攻。双方鏖战到午时，依然难分胜负，但南军以火器和弓箭进攻，未费兵力，而燕军兵力却折损不少，胜利的天平似乎向南军倾斜了，朱棣的不少将士都血染战衣，李斌的胳膊也中了一箭，简单包扎后依然紧紧保护在朱棣左右，以防流箭伤着朱棣。子时三刻，晴朗的天空突然狂风大作，东北风夹杂着细沙，向西南方向席卷而去。转眼间，南军便被暴风裹挟，南军迎着扑面而来的狂风沙石，眼睛尚且难以睁开，更不用说与燕军作战了。燕军趁着这难得的天时地利之机，以排山倒海之势向南军冲杀过来，杀得南军措手不及，损失惨重，毫无还手之力，顷刻间一败涂地。南军见大势已去，残余部众纷纷四散而逃，或投降燕军。盛庸见此情状，悲从中来，仰天长叹："狂风亡朝廷，非盛庸之过！"

夹河一战，基本奠定了燕王朱棣胜利的战局，而护主有功、作战勇猛的护卫李斌升任总旗一职（明代军队的中下级军官）。

建文四年（公元1402年）夏，李斌带领本部兵马，攻破灵璧营寨，五月，带兵渡过淮河，六月，渡过长江，随燕王朱棣攻克金川门（南京城门之一）。朱元璋的孙子朱允炆失败自焚而亡，也有说朱允炆不知所踪的。总之江山易主，朱允炆的四叔燕王朱棣登上了帝位，成为大明王朝第三任君主，也就是明成祖。十二月，明成祖升任李斌为武略将军，镇守泸州。

李斌在镇守泸州任上时，礼贤下士，待人亲善，士兵们对他非常尊敬和爱戴。公元1406年，皇帝命李斌职位世袭，在泸州镇守直到宣德七年（公元1432年），李斌告老还乡，回到了老家荥泽县岗李村。正统八年（公元1443年）正月二十四日，在家中去世，享年75岁。

时至今日，李斌之墓尚存，墓碑碑文记载了李斌的生卒年，后人于2010年，根据旧碑文字，参考《古荥镇金石考》立新石碑于墓旁，以示纪念。

有明一代，李斌武略将军一职世代相传。历史进入清王朝，其后人考中进士举人者不胜枚举，文人武人均人才辈出，特别是道德高尚、忠孝节义的代表人物李鸣德，不仅受到百姓的拥护爱戴，还受到了朝廷的嘉奖，立有牌坊，至今仍存于古荥镇牌坊街。

## 第十七节　李孝子千里葬父

单说那古代的荥阳，乃是依运河而兴旺的城市，街衢里肆、殿堂庙宇、牌坊碑刻，林林总总让人眼花缭乱，目不暇接。只见城内有一条贯通南北的大道，人来人往，车水马龙，好不热闹繁华。这条大道俗称南大街，在大街南端矗立着一座显眼的石牌坊，由于牌坊的高大，街道因此被分成两段，成为荥泽县城内标志性的建筑。

此牌坊坐北朝南，石质四柱三间三楼式，通宽 10 米，高 9 米。其中正门高于两旁侧门 0.8 米，宽 5 米，东西两侧门各 2.5 米。这座牌坊不仅石材精良，而且雕工精密，盘龙飞凤活灵活现，最显眼的是正门上方正反两面所镶嵌的匾额，上书“圣旨”两个大字，这乃是大清乾隆皇帝御笔亲书；下面栏板一行楷书“旌表孝子李鸣德褒嘉纯孝”，两侧石柱上刻有一副对联，上联“蓬岛丝纶来藻绘”，下联“庙堂雅颂代声华”，字体厚重苍劲，这正是朝廷褒奖孝子李鸣德的经典总结。

那么，这个李鸣德究竟何许人也？

李鸣德，号见宇，生于明万历三年（公元 1575 年），父亲李薛，任徐州训导，大哥李鸣盛，英年早逝，二哥李鸣皋，广武山隐居修行。幼年的鸣德不仅要帮母亲一同操持家务，还要侍奉祖父母和照顾寡居无依的三婶母。少年虽辛劳，却也其乐融融。天有不测风云，就在他十二岁那年，母亲积劳成疾不幸去世。家庭的重担一下子就落到了小鸣德的肩上。白天鸣德奔忙耕作在田畴之间，晚上除了料理家庭琐事，还要侍奉祖父祖母。待他们睡下后，自己再挑灯苦读。

时光荏苒，岁月如梭，一晃十年过去了。在这期间，鸣德送走了祖父祖母，并且在苦难的磨炼下从一个少年成长为一个文质彬彬而又健壮的青年公子。虽然也算是官宦之家，但是父亲李蘖任徐州训导、教谕期间，为官清廉，家里着实也不富裕，靠着李鸣德的辛勤劳作，家境也渐渐殷实起来。二十二岁那年，李鸣德娶妻生子，长子李玿，次子李玠。由于鸣德的言传身教，再加上兄弟俩天资聪颖，不仅知书达理，而且博通经史，学问日渐增长。一家人其乐融融地生活在一起，畅享天伦之乐，李鸣德觉得日子过得很幸福。

有一天，家里接到了从徐州来的一封书信，上写“父亲有疾，召子速往”，鸣德看罢，心急如焚，简单地安排了家事之后，匆匆赶往徐州。

李鸣德一路马不停蹄地来到徐州，父亲已生病在床。病榻前，看到憔悴的老父亲，他不禁放声大哭……他觉得父亲生病是自己的过失，便心怀愧疚地每天侍奉在病榻左右。

鸣德白天侍奉父亲饮食便溺，亲自给父亲熬煮汤药；到晚上父亲睡下时，则默默地向神灵祈祷，希望减少自己的寿命来延续父亲的生命。根据父亲病情，晚上需要照顾，鸣德便睡在病榻之侧，为随时照顾父亲他不解衣衫，和衣而卧，无微不至地侍奉父亲左右。

转眼便到了寒冬之际，可是李蘖却未能熬过这个冬天。在儿子耐心细致的照顾中，他还是“走”了，但是他“走”得很安祥。从来到徐州直至父亲去世，鸣德每天宵衣旰食，不分昼夜地照顾父亲，已经历了三个多月。俗话说“久病床前无孝子”，但是李鸣德却日夜侍奉床前，奉汤药，垢衣溺器，躬亲洗涤，不脱冠带，未有一丝懈怠之意，日复一日，以至于形销骨立。很多前来吊唁的人见到消瘦见骨的李鸣德，都被深深地感动了。

将父亲的遗体运回老家安葬，是礼仪，更是责任。徐州距离荥泽远隔千里，这谈何容易呢？但是李鸣德就做到了。他用父亲留下的仅存的一点积蓄买了一辆牛车，准备亲自拉纤将父亲载回故土安葬。“李孝子”要回家葬父的消息不胫而走，等到出发的那一天，李鸣德打开门一看，

千里葬父图

被眼前的景象惊呆了，原来门前站满了身着白衣白帽的父亲的众多学生及徐州百姓，他们都是有感于李氏父子的德行，冒着严寒前来为其送行的徐州百姓。李鸣德热泪滚滚，他没有想到父亲在徐州训导任上能有如此高的威望，得到徐州的父老乡亲们如此的尊敬，李鸣德在大家的陪同下一直走出了徐州城。临别之际，李鸣德跪了下来，面对徐州城和父老乡亲们，深情而庄重地叩拜三次，以感谢徐州百姓的淳朴善良。

“李孝子”依依不舍地告别了徐州的百姓们，自己则伴着严寒、一步一个脚印地拉着牛车走在回家的路上。天气越来越冷了，李鸣德还是穿着薄薄的棉衣，以至于肩上的纤绳把衣服都磨破了，手上的冻疮也裂开了，血一滴一滴地落下，染红了脚下的皑皑白雪，像一朵朵盛开的红梅，使这苍茫的大地显得格外美丽。李鸣德心里只想早一点让父亲回归故里，哪里顾及自己的疼痛，饿了就冒着风雪简单吃点干粮，困了就倚在父亲的棺木边歇一会儿，晚上虽然住店，但是天一亮，则立即出发。

“李孝子”在路上从初冬走到了隆冬，天气大寒，加上长途劳累，他终于病倒了，蜷卧在客栈中，境况堪怜。当路人知道他的孝行后，赞叹之余纷纷伸出援助之手，有给他请郎中的，也有给他荥泽老家送信的，就这样，在大家的帮助照料下，李鸣德病情有了好转。一见病有好转，他不顾大家的劝阻，坚强地上路了。

两个多月后，李鸣德终于走到了荥泽地界。荥泽的百姓们也早已得知孝子回家葬父的消息，大家自发地汇集到一起，迎接鸣德的归来。李鸣德到了荥泽城下，被前来迎接的乡亲们围住了，大家嘘寒问暖，纷纷帮他推车拉纤，李鸣德就这样在大家的簇拥下到了家。

在家中，李鸣德正式摆起了灵堂，将父亲去世的消息告知乡里，然后又按照荥泽本地的风俗习惯，为父亲卜选了长眠之地——位于荥泽县城南、郑州运河北岸，在墓旁搭了一个茅棚，自己住在里面给父亲守孝，而这一住就是三年。

这三年，无论严寒酷暑、风霜雨雪，他都没有离开过茅棚。他紧紧地守候在父亲的墓旁，为的是父亲在九泉之下能够安息。当有人路过此地时，听说李鸣德在这里为父亲守孝，路人觉得和李鸣德相比自惭形秽，便不再前行而顺路返回了。也有人听到他的事迹后，被这种真诚的孝心所感动，便搬来和他同住，来陪孝子一起践行孝的诺言。

李鸣德从父亲生病照顾到父亲去世、把父亲运回家乡，再到将父亲安葬和结庐守孝，所有这些事情他都处理得严谨而入理，不敢有丝毫的懈怠，体现出孝子可贵的品质。另外，除了这些孝行，他对县内的慈善也很关心，经常施舍财物来救济贫民，并且参与县里设置义学等，这些善行，使得人们对这位“李孝子”更加的尊敬爱戴。

他的长子李昭后来中了顺治三年丙戌科的进士，也就是大清国开国的第一次进士榜，随后担任山西沁源县知县、大同知府；次子李玠也中举得了功名，后来担任嘉义县教谕，并且很有政绩。人们都说这是因为李鸣德尽孝行善，感动了天地的结果。

李鸣德于清顺治八年（公元1651年）去世，享年77岁，他的去世不仅使荥泽的百姓们悲恸万分，就连大清国第一名状元，也是康熙皇帝的老师——傅以渐，也有感于他千里葬父的孝行，为他亲自撰写了墓志铭。到了清乾隆六年（公元1741年），朝廷下令为他建立牌坊，以旌表他至诚尽孝的精神，也就是故事开头所述矗立在荥泽县城内的那座大石牌坊的来历。李鸣德故居已被郑州市人民政府公布为郑州市文物保护单位。

李鸣德后人李贻申

李氏一族在荥泽县世代繁衍生息，逐渐发展成为本地首屈一指的望族。他的后代子孙们不仅人丁兴旺，而且很多人都登科做官。四百多年过去了，他的后代传人们依旧生活在这片热土，比如古荥镇的李贻申老人，便是李鸣德直系第21代孙，李老是一位退休的语文教师，他的两个儿子也很有作为。他们传承并延续着孝子的精神与血脉，使孝子的精神得以生生不息。“李孝子”虽然离我们远去，但是他的故事依然流传在大运河畔，依然感动并激励着我们。读者读此篇故事如有不详细之处，可前往荥阳故城一游，看李鸣德故居，听李贻申老人讲述先人故事。

## 第十八节　邱世雄命丧运河

因为纪信是在楚汉荥阳之战中，为救汉王刘邦而壮烈殉难的，所以，汉王朝建立后，高祖皇帝敕封他为“兴汉大将军”“天下城隍神”，谥“汉忠烈王”和“汉忠佑王”爵位。故此，纪信庙门窗、梁柱的色彩皆按封建社会帝王等级标准涂红抹朱，即“天子丹”（《礼记》载：天子丹，诸侯青，大夫苍（绿）、士黄，不准违制）；而其神像则头戴十二旒天子冠（即“刘氏冠”），身着衮服龙袍，慈容蕴威、威仪含慈，使贞孝良善，倍感亲切；令刁蛮恶赖，胆战心惊。

长期以来，出于对纪信过人的胆识、至忠的精神以及特殊贡献的感佩，历朝历代皇帝曾多次亲临纪信庙祭奠忠臣，追封爵位，大加褒扬；过往官员，挽辔停骖，顶礼膜拜；文人墨客，倾其才学，赋诗作颂，刻石盛赞。尤其是自明正统三年（公元 1438 年）三月，英宗朱祁镇祭庙诏封其为“荥泽侯”，谥“忠烈”，敕“春秋大祭”以来，当地的行政长官凡品级低于其封号的，不论职位高低、不分政务忙闲，每逢纪信诞辰、忌日和春秋大祭之日，均须携带家眷前往致祭，以缅怀忠臣烈志，兴廉洁从政风操。

及至明王朝晚期，朝纲腐败，宦官乱政，德荒礼颓，陋俗成风，时任郑州（当时荥泽县隶属开封府郑州州）知州邱世雄对这一套严格的祭祀规制颇感麻烦、心怀不满。但怵于公道民意，只得硬着头皮敷衍。有一天，他满腹牢骚地对州丞赵贤说：“纪信虽救刘邦有功，但往代英烈对本朝毫无建树，由民间随意祭祀也就是了，何必如此兴师动众，一年行四次官祭之繁文缛节，使本州受尽这鞍马劳顿之苦、舟车颠簸之累。”

赵贤乃一博古通今、满腹经纶的饱学之士，只因其天性耿直、不善逢迎，故十几年如一日接连辅佐四任知州，而他至今却仍然“稳坐”在这州丞位上“纹丝不动”。他深知邱世雄本乃一个阴损奸猾、懒惰不勤、才学贫乏、理政无方的庸才，只不过靠其干爹奸宦魏忠贤的权势平步青云罢了。两年多来，邱世雄依权仗势、目无纲纪的恶行劣习令赵贤深恶痛绝、极为反感，他本想参上一本，扳倒这个榨取民脂民膏的势利小人。但当想到自己乃一身微言轻的寒士小吏，若弹劾这个背后有巨大保护伞罩护的顶头上司，无异于鸡蛋碰石头，只怕奸臣尚未伏法，反倒搭上身家性命。故而只好隐忍不发，委曲求全。而当他突然听到眼前这个家伙以下犯上的丑言恶语时，虽早在意料之中，仍不免内心猛地一惊。他喝了一口茶，强压心头之火，故作镇定但言辞中仍含激愤地道：“州台大人，此言差矣！若无纪公焚身兴汉之惊天壮举，岂有我大汉民族今日之辉煌？若无昔日韩成效仿纪公投身鄱阳湖救我朝洪武帝之忠义气节，岂有我大明江山之安在？此乃往代英烈，昭示后昆，前赴后继，代有来人之传承。况先帝英宗敕颁制礼，历任州台皆遵之不易、行之不替。以在下之愚识浅见，此礼并非繁缛之举，实为缅先祖厚德、溯族源伟功之必须也。”

赵贤柔中带刚的一番说教，令邱世雄如鲠在喉，极不舒服。他皱了皱眉，自我解嘲地干咳两声，无可奈何地说：“唉，纪信的命真好，一时之功竟换来戴旒着衮之尊荣、四时官祭之制礼。而本州十年寒窗、八载仕途，至今才混了个正五品知州。唉，天之不公，天之不公呀！”他假惺惺地擦了擦沁出眼角的泪珠，而后往前凑凑身子，狡黠地小声道：“本州有心不履此礼，只恐犯大不敬之忌，给世人留下笑柄。如循规蹈矩而行之，又实难承受此陈规旧矩之约束。为此，本官苦思数日方生一计，不如将其冠袍改为五品朝服，这一可令众百姓皆知本州为纪公重塑金身之虔诚意愿；再者彼吾同为五品，同级不祭，既不失礼节，又能省去诸多麻烦。此计当否，乞请兄台明示。”赵贤惊闻其意，顿觉寒气贯顶，不禁暗忖道：此计毒辣至极，史无前例，吾应阻其劣行，以维护忠烈之尊不受践踏，遂故作恭维道："州台大人，此计甚妙。然在下冥顽不灵，实难动议。"继而话锋一转："不过，在下常听人讲，纪公神明特为灵验。此等大事还望州台谨慎一二，切莫草率行事。"邱世雄不快地曰："泥塑土胎，有何惧哉！""大人，若触犯神灵，一旦应验，恐悔之晚矣。"赵贤焦急地力阻道。"此事本州已定，望汝切勿从中作梗，坏本官美事！"邱世雄言罢，拂袖而去。

数日之后，邱世雄便命当地有名的彩绘工匠将纪信的天平旒冠换成了五品官阶的平顶冠；而汉忠烈王身上的龙衮也变成了缀云雁图案"补子"的明代五品大红官服。往昔忠诚贯日、烈志齐天的汉忠烈王神尊，在邱世雄懒惰无礼、刁蛮至极的无情践踏下，变成了汉不汉、明不明的五品官阶，从此以后他再也不去拜祭纪信了。

纪信平冠像

两年后，在魏忠贤奸党的操纵下，邱世雄终于盼来了梦寐以求的"升调任命状"。这天午时，他身着豪装、脚踩新履，清水沐手后，洋洋得意地从差官手里接过吏部传来的大红缎地、金皮錾缀"翔龙飞凤"图案环绕的调任状。当看到"郑州知州邱世雄勤于职守、理政有方，深获朝野内外、同僚黔首之嘉许，特擢升为河南按察使司副使，官从三品"的状文时，高兴得差点昏了过去。

邱世雄赴任那天，风和日丽，万里无云。他满面春风、不无得意地在黄河古渡口与前来送行的郑州州、荥泽县官员一一道别，随后登上东下的官船。

即将升任地方政要的邱世雄踌躇满志地站在甲板之上，沐浴着和煦的阳光和丝丝清凉的春风，放眼波光闪闪、宽阔平缓的郑州运河河面，听着“吱呀、吱呀”的桨橹声，回想起平步青云、一路顺畅的仕途官运，心中好不惬意。他扭头对随行的书童邱六斤和老家院邱丙来等人道：“当年本老爷欲改历任州台遵循之陈规旧礼，谁知那个迂腐古板的老赵贤竟百般刁难、极力阻拦，还危言耸听地胡说什么‘纪信神明特为灵验，一旦应兆悔之晚矣’。吾若信其妖言，焉能连升三级？”“老爷高见，日后定能位列三公、权倾朝野。”众随从谄媚道。“哈！哈！哈！……”邱世雄听到这些极为入耳的话，忘乎所以地放声狂笑。

当官船行至中牟县官渡时，湛蓝的天空突然黄沙弥漫，狂风大作，方才平缓的河面骤然浊浪滔天，骇人魂魄。偌大的官船在惊涛骇浪之中好像一片树叶，时而被高高抛起，时而又跌入浪谷，片刻间，大船倾覆。邱世雄这个逆天道而行之、亵渎神灵的懒吏恶宦，带着他的“三公梦”葬身鱼腹，落了个可悲的下场。

几乎与此同时，那个秉承邱世雄之命篡改纪公神尊的彩绘工匠，突然双眸如刺万针，疼得他捂着两眼躺在地上不住地打滚，片刻间便什么东西也看不见了。从此以后，他再也不能为虎作伥、狐假虎威了。

令人遗憾的是，由于种种原因，汉忠烈王纪信着冕旒衮服的王者神尊，再也没有恢复过来。而至今人们瞻仰、祭拜的头戴平顶冠、身穿缀云雁图案“补子”大红官服的“汉忠烈侯”塑像，则成了人们对纪公形象的永恒记忆。

此传奇故事取材于古荥镇当地说书道场和老人的传说。

## 第十九节　王方箭挑李自成

话说明末年，荥泽古城西南角，在古城的基础上，利用西城墙和南城墙新筑东城墙和北城墙，建一小城，小城呈正方形。城门朝东，四周城墙长各约 50 米，城内建筑结构紧凑，前后左右各成一院，院院相连，四院落与东南西北城墙相接，院落和城墙上下沟通。步梯上城墙特别方便。

此处幽静、威严的城中城，城的主人姓王名方，字圆直，祖籍荥泽叉（岔）河村（现存王氏宗祠，祠内有庙堂三间，石碑数通）。

相传此王氏一支，是汉代荥阳太守王植后代。自汉代王植以来，代代习武，尤以箭法有百步穿杨之功而威震四方。王氏一支以武为业，以武养家，成荥泽地区富绅。自明代后期，掌门人王方在荥阳故城为废墟的情况下，依西南角破败损毁的基础上予以整修，建成新的城寨，起名王方寨。

王方自幼习武，习读兵书，明代末年的 1621~1624 年，在山海关古北口，随明王朝兵部尚书袁崇焕抗击清兵，因作战英勇，多次立功，升任千总军职，后袁崇焕被害，王方看到朝廷腐败，自己也有伤在身，申请卸甲归田，回到荥泽老家。王方归乡后，在家乡训练家丁，以防土匪，帮助县里组织乡勇，加强家乡的自保能力，确保荥泽地区平安。

此时，李自成率领的农民起义部队多次攻打开封，明军和李自成义军在开封、郑州、荥泽、荥阳、登封一线反复进行拉锯战，战争之惨烈在我国几千年战争史上都是少有的。荥泽县紧临黄河南岸，战略地位特别重要，如李自成义军在荥泽突破黄河防线，进入河北，明王朝首都——北京就危在旦夕了。1626 年秋，正是庄稼收获的季节，荥泽县城内外却处在一片紧张恐怖之中。李自成率部第二次攻打开封，久攻不下，派他的部下“红娘子”率部攻打荥泽县城。“红娘子”是一位二十多岁的、英姿骁捷的奇女子，祖籍河南开封府杞县，自幼家贫，性格开朗，习武无师自通，特别喜好玩耍弹弓。弹弓是河南农村广泛流行的一种玩具，有木制和铁制两种。

木柄长 10 厘米左右，直径 5 厘米左右，以使用时，人手握感觉舒

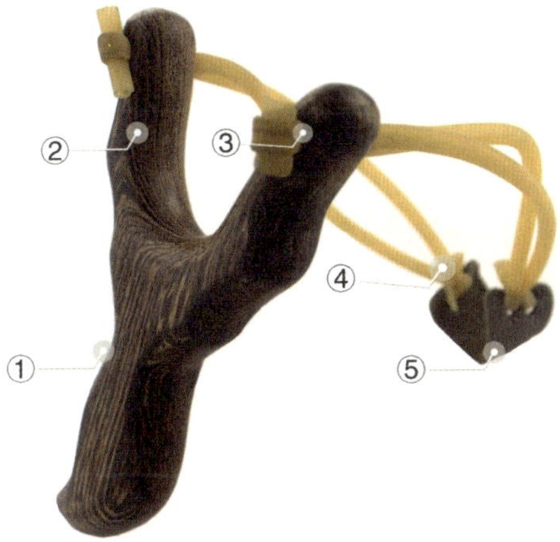

①—木柄；②—木架；③—木环；④—皮条；⑤—皮兜

弹弓

适为好；木架高 10 厘米左右，宽 8 厘米左右；木环在木架最上端里侧，有皮条两条，皮条有弹性，长 10 厘米，宽 1.5 厘米，厚 0.3 厘米左右，由使用者手臂的力量调节皮条的松紧和尺寸，两根皮条上端分别绑在两个木环上，下端缠绑在皮兜两端。皮兜长约 5 厘米，宽约 3 厘米，弹子儿一般采用圆形石子或铁粒。使用弹弓的方法是：一只手握紧木柄，并将弹弓举至木架端和眼齐平，另一只手将弹子儿装进皮兜内，并用力拉拽皮兜，由皮兜带动拉紧皮条，此时用眼瞄准弹射目标，之后，手握木柄不动，拉皮兜的手放开，将弹子儿射出。弹弓实际上是箭的一种，区别只是由箭杆儿变成弹子儿。“红娘子”玩耍弹弓得心应手，具有百发百中的能力。十七八岁时，她心想，使用弹弓儿是射出弹子，不但弹子儿小，而且射出频率慢，不如用手直接把弹子儿掷出，弹子儿可不分大小。“红娘子”开始练习用手直接掷扔弹子儿、石块等硬物。一年后达

到左右两手掷扔石子，百发百中，成为绝技。

明崇祯年间，战争多发，朝廷东北部抗击清军南侵，西北部镇压农民起义，民不聊生，食不果腹，妻离子散，人自相食。此时李自成起义，提出“吃他娘，喝他娘，自成来了不交粮”的口号，中原饥民纷纷响应。“红娘子”响应李自成号召，揭竿而起。杞县饥民积极响应，共推“红娘子”为首领，数日内积兵数万，投奔李自成。李自成第二次攻打开封，就派“红娘子”率领部下攻打荥泽县城。

闲话少说，言归正转。却说“红娘子”领兵数万，将荥泽县城四面围困。兵士高声叫骂，以引城内明军出城应战。此时荥泽知县伦大楷，急忙召集守备王方和一应官员商议应战方法，王方说，乱军兵多，我军兵少，不宜出战，县城城墙坚固，护城河河宽水深，我们只要坚守不战，发动兵民齐心守城，时间一久，乱兵粮食不足，自然撤兵。官员一致同意王方提议，知县伦大楷发动青壮年补充到守兵之中，归王方统一指挥。这些青壮年平时大多都跟王方学过武术，编入队伍中，立刻就能打仗。王方指挥兵士，四座城门紧闭，兵士在城上全副装备，刀枪剑戟，一应齐全。城内民众全力支持守城将士，有人出人，有粮出粮，军民一心。“红娘子”在城外百般叫骂，只要义军接近护城河边，城内乱箭齐下，加上河深城高，义军毫无办法。

看官要问，荥泽县城内官兵民众真能万众一心吗？在此单表荥泽知县伦大楷。伦大楷，直隶（今北京）滦州人，举人出身，1636 年任荥泽县知县。清顺治年间《荥泽县志》，评价伦大楷“才识敏捷，政事精练，修城御寇，保全无虞，至今父老称之。升云南道监察御史”。顺治年间《荥泽县志》写成于 1656 年前后，离伦大楷当荥泽知县已过二十年左右，而且是清代文献评论明代官员，这本就少见，而且是“父老”称赞，足见伦大楷在荥泽知县任上是深得民心的。

再说李自成自带精兵久攻开封，战局不顺。这一日带几个护卫自开封城外经中牟县来到荥泽县城外，查看“红娘子”义军攻打荥泽县城战况。“红娘子”陪同，二人带十余名亲兵护卫，信马由缰在护城河外查看荥泽县城墙情况，慢慢来到城西南角。此时夕阳西下，一缕霞光照在护城河面，映出李自成和“红娘子”的身影。城内城外一片寂静，而城上王方正好巡城来到西南城角马面（城墙突出部分，从上往下看，突出的城墙形状像一马面，建筑学上就把城墙这一建筑称为马面）上，王方往城外一看，身穿红袍、坐骑白马的“红娘子”正向一魁伟壮年将军指指点点，一副尊敬之情。王方想，这一将军一定是“红娘子”的头领，趁此二人放松警惕之时，何不射他一箭，如能得手，贼兵必退。说时迟，那时快，王方搭箭拉弓，照准壮年将军一箭射去，只听一声弦响，壮年将军应声落马，“红娘子”一看不好，往城上一看，王方正在拉弓搭箭准备再射自己。那“红娘子”身手矫健，石子就在手中，只见她右手一扬，一枚石子“嗖”的一声，已击中王方胸部，只见一口鲜血从王方口中涌出，身子晃了两晃，“扑通”一声倒在城上，昏迷不醒。

此时城内城外都慌成了一团。城外“红娘子”低头一看，王方的一箭正好射在李自成左眼中，箭杆儿还在晃动，鲜血外溢，“红娘子”又急又惊，急令亲兵抬起李自成后撤，又令亲兵招军医前来。片刻军医赶到，将李自成放在军帐床上。军医是一位民间治疗跌打损伤的高手，看过李自成左眼伤情，从药箱中取出止血散，撒在李自成左眼附近，口中数到“一、二、三、四、五”，五字说罢，左手压李自成额部，右手握紧箭杆儿，一个“出”字，箭已从李自成左眼中拔出，亲兵接过箭杆儿，军医往李自成冒血的左眼上撒上止血散，片刻，血止住后，用纱布将双睛缠住，对在一旁的“红娘子”说，李大帅伤情无大碍，三天后换药，十天即可痊愈。只听李自成说：“‘红娘子’，传令不可声张，派兵佯攻，今夜即撤兵。”

再说荥泽城上，王方倒在地上昏迷，守城军士立即飞马报告知县伦大楷。伦知县本来在城上查看军情，接到军士报告王方伤情，不一刻就赶到现场，只见军士正在呼叫王方，伦知县抢前一步，蹲在地上呼叫：“王守备醒醒，王守备醒醒。”片刻工夫，只见王方长出一口气，慢慢睁开双眼，只说一句：“胸部好疼啊。”看到王方醒来，早有郎中姓程，名三星（乃是荥泽县著名中医先生），将一粒药丸送入王方口中，端一碗水送到王方嘴边，让王方慢慢将药丸咽下，又解开王方衣襟，只见胸部已一片红肿，程三星从药箱中取出一付膏药，贴在红肿处，转眼对伦知县，说三天后就好了。伦知县安排军士用担架将王方送回府中静养，并亲自安排守城军士提高警惕，以防乱军攻城。

城内城外都很紧张，在安静中过了一夜，天明时分，只见城外没了义军，伦知县安排哨兵在城楼和四个城角瞭望楼上加强警戒，以防不测。

此次战争一过，知县伦大楷因守城御寇有功，升任云南道监察御史，不日走马上任去了。

王方自胸部中了“红娘子”的神弹，已有严重内伤，胸部一直疼痛不止，数月后病死在王方寨家中。但王方箭射李自成的传说在荥泽地区流传至今。

李自成此战不利，带伤退回陕西商洛山中，左眼失明，从此对开封至郑州一带的官兵恨之入骨。1643年冬，明王朝对北满族用兵节节失利，兵部尚书洪承畴总领大军在长城一战失利，投降清军。明王朝自此一蹶不振，再无南北用兵之力。李自成趁机领兵再侵中原，一举攻下了开封，像秋风扫落叶般攻下了中牟、荥泽、成皋、黄河南岸大小城池，在此杀人无数，以报王方一箭之仇。大军蜂拥一般趁着黄河冰封，轻而易举地渡过黄河，之后，传令三军停止杀掳，一路所向无敌攻入北京城。明王朝崇祯皇帝吊死在景山，李自成称帝，国号大顺。

“红娘子”在李自成攻入北京、称帝后数月，携丈夫李岩出走，不知所踪。

## 第二十节　孙庆年私塾馆

先生手板响，学生学业长，
走进道州县，稳坐宰相府。

这四句打油诗是荥泽县父老乡亲对孙氏私塾馆的赞誉。

话说荥泽县有三个教育学府，一个是政府办的学宫，自隋代至今已一千多年。一个是当地乡绅捐办的学院，称人龙学院，捐款者选择有声望、有学问的人担当管理和教学，相当于现在的合资办学。第三个即孙庆年的私塾馆。要说孙庆年私塾馆，必先向看官介绍孙庆年。

单表孙氏一支是荥泽地区名门。先看清乾隆年间《荥泽县志》的记载：到明洪武四年（公元 1371 年）即朱元璋建立明代，当上皇帝的第四年，孙庆年的先祖孙卓，自荥泽县渡黄河，赴首都北京赶考，朝廷大臣吴伯宗为主考官，孙卓榜上有名，进士及第，殿试三甲七十七名，朝廷任命孙卓为宁陵县丞，百年后祀荥泽县贤祠堂。孙卓弟孙得，荥泽县乡绅，赠承德郎、工部都水清吏司主事。

孙得子孙俨，明永乐十五年（公元 1417 年）考丁酉科科举考试，中举，被朝廷授官“工部都水清吏司主事”，当时宣庙火灾被毁，孙俨奉命到四川征采木材，因在征采木材的过程中，方法得当，既减少了朝廷的开支，又节省了劳力投入，达到了事半功倍的效果，皇帝称赞孙俨“真纯臣也”，升任陕西布政使司右参政，勤勉于政事，卒于官任上，死后入祀荥泽县贤祠堂。

孙濂，参政孙俨的孙子，明成化四年（公元 1468 年）举人。

孙淮，明代岁贡参政，孙俨的孙子，孙濂的弟弟，曾任荥泽县教谕。

孙玲，教谕，孙淮的儿子，朝廷施恩授予副贡的待遇。

孙珙，举人，孙濂的儿子，明代恩拔副贡，任南直江都（今扬州）主簿。

孙良心，举人，孙濂的孙子，明嘉靖十三年（公元1534年）甲午科举人，任山东济宁州知州。

孙良策，明代岁贡，举人，孙濂的孙子，任南直虹县训导。

孙重光，明代恩拔副贡，孙良心的儿子。

孙重华，明代恩拔副贡，孙良心的儿子，任陕西宝鸡县丞。

孙之鹏，明代岁贡，县丞孙重华的儿子。

孙愈贤，字愈谦，明代恩拔副贡，县丞孙重华的孙子，授山东莘县（今山东聊城莘县）知县。上任后，执法公平，不畏权贵，童叟无欺，施政方针惠及鳏寡，照顾穷人。他经常一人到田间看望农民，了解耕农要求，解决种田植桑中的困难。经过数年的鼓励勤耕政策，深得民心，广大农民以耕田植桑、丰衣足食，而称道孙知县。华县全县形成社会安定、人口增加、粮丰赋足的盛状。朝廷考核，贤升陕西鄜州（鄜（fū）州，今陕西富县）知州。孙知州到任不到一月，李自成率军围困鄜州城。孙知州督率军民，亲临城头，不畏箭创伤身，誓以死守，李自成攻城八个月而城巍然不动。李自成畏其威，引军自退。任期满，孙知州回归故里，鄜州人民如失慈母，归回当日，州府大道人满哭送，依依不舍，并为孙知州愈贤建祠立碑，以矢不忘。回归荥泽故里后，著《莘政记》，总结在莘县任上的执政心得；著《御寇略》，总结在鄜州任上抵御乱军的策略。

以上孙氏一支在有明一代，代代参加朝廷科考，从明洪武年间孙卓进士及第，到明代末年孙愈贤恩拔副贡的近三百年间，考中一位进士、三位举人、八位贡士，可谓是人才济济。这十余位才俊，从家乡荥泽走进北京、山东、陕西各地，从京官到知州、知县、主簿、参政、教谕训导，足迹踏遍各级政府机构，整个家族已与大明江山骨肉相连，所以明王朝被清廷取代，从心理上短时间是难以接受的。清代初年，孙氏家族转入当地教育领域。

清康熙三十六年（公元1697年）孙愈贤孙子孙为彩，字含章，中丁丑科拔贡，任汝宁府罗山县教谕，在教谕任上，他有了回故乡办教育的想法，所以经常考查民间教育，以积累经验。晚年辞职返乡即进行举办私塾馆的准备。

清雍正五年（公元1727年），孙为彩变卖庄田，积全家财富，办私塾馆，此时孙为彩的儿子孙承祖正当壮年，成为办学的实际主持者。孙承祖，字克生，荥泽庠生，品形端正，行事方圆有度，和睦乡邻，与事与物无争，得到荥泽县知县唐绛祖的大力支持和乡绅的援助，正式开馆授徒。私塾馆在孙承祖的主持下，老师品德高尚，学问深广，培养出一批有教养的学子，深得官民称赞，与荥泽县学宫、义学人龙书院并称“荥泽县三大书院”。

清乾隆二十一年（公元1756年），孙承祖年迈，将学馆交给儿子孙庆年打理，自己退居幕后。

孙庆年，青出于蓝而胜于蓝，生于1726年，自幼随父亲在私塾馆生活，受诸位教师调教，五岁能文，七岁能诗，十二岁转入义学人龙书院，受多位高师训导调教，十五岁再转荥泽学宫，学问日进月异，人品道德在当地首屈一指，孝父尊师，无与伦比，十六岁中秀才，十九岁中举人，众人都认为他前途无量之时，孙庆年却做出惊世骇俗的决定，不再参加科举考试，要在自家私塾馆当一名普通先生，将为众学子授业解惑，作为自己终生的目标。

不数年，孙庆年成为私塾学馆长，其执教风格确实出彩。

第一，不计来修。所谓来修，就是学生应交的学费。对于贫穷家庭的学生，可部分免去学费或全部免去学费，最多时“全部学生免其半”。

第二，舍家财救济贫苦者。举一例，有邻居名李贵兴，借银八两去做贩卖大枣的生意，因经营不善，一直没有归还，孙庆年从不催要。五年后的腊月，李贵兴又登门，愿以庄宅抵给孙庆年，并请再借一二两银子过年关。孙庆年问：“你卖掉此宅，你领全家住在哪儿？”李贵兴不语，泪流满面。孙庆年取出李贵兴的借银八两的债券，用火烧掉，对李贵兴说，此账不再索要，复取银一两五钱，付予李贵兴，语重心长地对李贵兴说：“你不是做生意的材料，度过今冬，明春专心种田，养家糊口就行了。”

第三，学生反打老师手板。在我国古代教育制度中，打手板是对学业较差的学生的一种惩罚，惩罚学生时，被惩罚的学生双膝跪在老师面前，伸出双手，老师用木制或竹子制成的手板击打学生双手，打到双手掌肿胀，以示对不专心学生的惩罚。

孙庆年思考这种惩罚制度的形成过程和道理，认为这种惩罚只是肉体上的，被惩罚学生可能从心里不服气。从古代“儿不教，父之过”的道理推论，“学不教，师之过”也是有一定道理的。应该让学业不好的学生有思想意识的反映。于是孙庆年制定了打手板新规定，就是老师在罚学生时，应该通知家长在旁边观看，学生被打手板后，如果不服气，可要求反打老师手板，并说出理由，这样可增加师生交流，通过家长了解自己孩子的学业，增加家庭教育，能起到事半功倍的效果，对增加师生感情、交流教学方法、提高老师教学水平、促进学子学习

孙庆年先生像

自信，都起到了良好的效果。实际上，学生打老师手板是一种姿态，学生不可能，学生家长更不让自己的孩子打老师手板，只是对师生双方都是一种激励。这种教育方式培养出了不少有作为的学生，为社会做出了贡献。这就是本篇开头的打油诗“先生手板响，学生学业长，走进道州县，稳坐宰相府”。

孙庆年设馆授徒六十余年，定下馆规“设馆为民众，授徒以心明。道德立课堂，义行卓社会”。荥泽人称其为“盛德君子”，而首屈一指。孙庆年高寿九十六岁而终，后人学子留有肖像至今，称其“敬老携幼乐毋我，亲仁善邻推有人”。

公元1840年，我国进入近代，清王朝道光皇帝在位，经过鸦片战争的失败，我国在世界民族之林中由盛转衰，外国列强瓜分我国资源，国家财政和人民生活都受到衰败的影响，教育事业同样受到冲击，民间教育也在所难免。孙庆年私塾馆深陷经济困难之中，孙庆年后人一直坚持先人制定的办学理念“道德立课堂，义行卓社会”，在经济极端困难的环境中，把私塾代代传承。1935年，孙同鹤、孙同一兄弟担起办学重担，含辛茹苦，在家道中落、几乎无法养家的情况下，在一片战乱中收徒授业。在最艰难的时刻，为养家糊口，养活哥哥孙同鹤儿女，减少家族负担，弟弟孙同一没有结婚成家，将自己的一生奉献给了私塾馆教学中。1953年，国家统一中小学教育，私塾馆撤销，孙同一先生到县图书馆工作。

孙同鹤女儿孙美英（1928~2016年）自幼在私塾馆生活（此时私塾馆已是馆舍一家）耳濡目染，成为中华人民共和国成立以前荥泽地区少有的知识女性，并在私塾馆担任教员，一生秉承“不与人争、不与物争、不与财争”的“三不”人生信念，89岁无疾而终。

孙庆年私塾馆前后传承二百余年，以“立德、义行”为办学核心，为荥泽地区的文明教化做出了贡献。

## 第二十一节　荥泽县衙正堂前石狮会说话

荥泽县自隋王朝开皇四年（公元 584 年）隋文帝杨坚将原荥阳郡中部和东北部与卷县（今原阳县西南部和武陟县东南部）南部合并，新置广武县。仁寿九年（公元 609 年）更名为荥泽县。历经隋唐宋元明清各代，一直延续到民国二十年（公元 1931 年），千余年县史，涌现出无数的风流人物。而在知县职位上，明王朝知县蒋成材则是其中翘楚。蒋知县事迹由文献与石刻记录再到口碑相传，极尽传神。知县正堂前的两尊威武石狮成为蒋知县的神位。

话说明万历二十四年（公元 1596 年），荥泽县蝗虫满野，庄稼绝收[1]，万历二十五年（公元 1597 年）荥泽县遭遇“地垒”之灾[2]，水灾退后，荥泽之地已是千疮百孔，民不聊生，官民矛盾激化，时常处变，危在旦夕，知县一筹莫展，告急公文道道上传。此一年间，荥泽原野一片荒凉，人相食，白骨满路。在此为难之时，朝廷委任蒋成材为荥泽知县。蒋公成材，广西全州人，由举人入官，政声显赫，万历二十四年（公元 1596 年）冬，蒋成材骑着毛驴带一书童，微服悄声踏入荥泽之地。自南向北过了索须河，只见一小村庄，村中有一小桥，桥东有一破旧农舍，门口一老妇，斜靠在门旁哭泣。蒋成材跳下毛驴，书童接过驴缰（绳），走近老妇，蒋成材弯腰低语：“老人家，一大早为啥在门口哭呢？”老妇听到声音，睁开朦胧双眼，上下打量问话之人。只见此人三十多岁，衣服虽旧但却

---

[1] 清乾隆年间《荥泽县志》《祥异志》，2006 年《乾隆县志》（点校注本）第 445 页。

[2] 邑侯蒋公生祠碑记。

整洁，圆字脸上眼小有光，鼻梁高挺，面目和蔼而有威，遂有气无力地回答：“我夫已亡，我儿入监，儿媳改嫁，家破人亡啊！”蒋成材问：“你儿子为何入监？”老妇只是摇头数下，又合上双眼，泪水顺着脸颊流下。此时慢慢围拢五六个人来，个个衣不遮体，面黄肌瘦。一个弱小男孩，看着有十一二岁光景，眼一直看着书童牵的毛驴，目光落在毛驴身上的粗布褡裢上，身体渐渐靠近驴身，低头趴在褡裢上片刻，然后抬头低声问书童：“我闻你褡裢里有干粮的气味，能让我吃点吗？”书童抬头看看蒋成材，蒋成材思谋一转，立即吩咐书童打开褡裢，把干粮全部取出来让众人共同食用。书童立即打开褡裢，取出和主人一路北来路上食用的干粮，即玉米饼十余个，双手递给弱小男孩，弱小男孩高兴地用双手接过，然后转身对一个个围过来的人说：“爷爷，可以吃吗？”只听众人中一个五十多岁的年长者，接口说道：“道生，分给几位叔叔一起吃吧。”名叫道生的男孩把玉米饼分给众人，只见五六个人也不谦让，接过面饼，狼吞虎咽，转眼间吃个精光。只有老者吃了三五口，转身把剩余面饼递给道生，并说：“道生，把这面饼拿回家中，让你妹妹吃吧。”道生双手接过，高兴地回答一声“中”，转身一溜儿小跑去了。老者转过身来，双手抱拳，向蒋成材一躬身说：“多谢恩公，道生拿去的面饼就救了他妹妹的命了，兄妹二人相依为命，父母已经饿死，妹妹也快饿死了，我代道生已死亡的父母谢过恩公，并代众人谢过恩公。”说罢，深深把腰弯向蒋成材，说话行动间，甚是恭敬。蒋成材见状，赶忙伸出双手，扶起老者，嘴里连声说道：“老伯请起，晚辈不敢当也。”老者起身，对身边年轻人说道：“把你婶母扶回家，烧点水喝下，上床睡一会儿吧。”一年轻人说“中”。这时看那老妇刚吃下几口面饼，身上有了少许力气，在年轻人搀扶下走回家中。老者转过身来，双手抱拳对蒋成材说：“再谢恩公，不知恩公何方人士，来到这蛮荒之地有何贵干？”刚才经过，蒋成材已心中有数，老者定是这村中乡绅，有心与之长谈。便回答："老伯，我也不是啥贵客，更不是恩公，送几个面饼，乡亲暂时充饥怎解日月年年温饱？敢问老伯尊姓大名，能否到你家坐一会儿，喝一杯茶？"老伯说："免贵免贵，本人姓靳，名哲，教书为生，先生想到寒舍求之不得，请随我来。"又对一年轻人说："道敏，你先到家里让你师母准备一下，迎接客人。"只听名叫道敏的年轻人答应一声，"好"，转身一溜儿小跑去了。蒋成材跟着老者越过跨路小桥，有十余丈，就见道敏站在一庭院门前。走到门前，老者对蒋成材说："恩公，这就是寒舍，请进。"蒋成材伸手握住老者右手说："不是恩公，再不要称恩公，一同进贵宅吧。"二人牵手进了大门，走进庭院，蒋成材打量了一下，庭院有半亩大小，上房三间草堂，坐北朝南，东屋三间偏房，正院中一石圆桌，圆桌四周四个石凳，院内干净整洁。老者把蒋成材领进上房，只见中堂里靠后墙，一桌已是破旧，桌上茶壶茶杯已沏上茶水。桌子两旁两只已破旧的靠背椅上放着椅垫，老者向右伸手一让，口中说道："请坐。"蒋成材说："老伯请坐。"说罢，二人分左右坐定。道敏把茶杯放在二人之前，立在老者之旁。听见蒋成材开口说："老伯，贵府为何如此贫穷？"老伯回道："说来话长，万历十六年，荥泽县大灾，疫病相传，家家断粮，至此，人相食，白骨满路。二十四年夏，水灾又至，秋天又遇大蝗灾，连续近十年不断的天灾，民不聊生，超半人口逃荒出走，水灾过后，沿河之良田尽被洪水冲毁。县里见死不救，税粮有增无减，乡民年年求县减去已毁之田的税粮，县里无视乡民合理要求，反把为首之人入监，如此一来，逃民更多，男丁已逃尽，老幼种田，怎能糊口？我与我的两个学生正在考虑救民众之策，今遇先生行善，必是过路之高人，就求先生出一策如何？"只听蒋成材回答："我初到贵乡，不明乡情，三日后请老伯召集几个乡贤再谈如何？"老者回答："可也，可也，三日后怎么见面呢？"蒋成材答："三日后到本县县衙即可。"看着天近中午，蒋成材站起向靳老抱拳行礼说："打扰靳老伯一上午，告辞，三日后再会。”靳老也不挽留，送蒋成材出门，望蒋成材向东北县城走去。靳老对道敏说：“明天你去请孙庄孙先生，县城李先生、张先生来我家一趟。”放下靳老邀请众位乡贤不提，三日后，以靳老为首的孙、李、张四位荥泽县乡贤一同来到荥泽县衙。只见县衙内外二三十人正在打扫庭院，看到靳老一行，一人放下扫帚快步迈出衙门，高声呼喊一声：“都放下工具，来迎靳老。”只听众人齐声答应一声“是”，立即站成一排。靳老一看，迎出衙门之人穿戴知县官服，五官端正和蔼，正是三天前交谈甚欢的蒋成材。只见蒋成材伸出双手，拉着靳老的手，亲切地说：“欢迎靳老及各位长辈，快快有请，进衙里长谈。”同时转身对一位官员说：“李县丞，请靳老及众位乡贤到后堂座谈，通知崔主簿、李典史、陈教谕、魏训导参加座谈。”一边拉着靳老的手和众位乡贤一同穿过大堂、二堂进入后堂。此时，靳老方如大梦初醒，此人原来是新来的县令，前日说话随意，是否会引来牢狱之灾。又想事已至此，是福不是祸，是祸躲不过，看蒋成材的态度不像是凶兆，遂神情自然地带众人走近后堂。蒋县令坐了正位，众县官员在左边坐成一排，靳老与孙先生等乡贤在右边坐成一排。只听蒋成材开言：“靳老及诸位先生，本知县奉朝廷之命，已来三日，三日之中，拜访县属各位同仁，尽成一心愿，尽全力改变本县民不聊生之状，今请诸位乡贤共商本县政事，万望言无不尽，献策于县府。本县与诸位县属感谢诸位。”说罢起身施一躬身之礼。靳老此时一颗心稳定下来，起身说：“蒋大人，前日之言只是我一人之见，今有孙先生、李先生、张先生三位，皆是本县德高望重之乡贤，定将事实汇报大人，并将乡亲民愿上达大人，以供大人定夺。”

如此融洽的会议，整整进行了三天，三天之后，县衙门前、大街之中，县府告示到来，众人观看。只见北门迎恩门旁，张先生正在对围在告示前的男男女女说：“新任知县大人蒋公成材与县民约法五条，我来说给大家听听。”只听一乡民大呼：“是又要催捐催粮的吧？”众人嚷嚷一片。张先生说："非也，非也，听我将告示读给乡亲。"众人静了下来，只听张先生朗朗读到：

### 约　法

第一条：开仓放粮，男丁二斗，妇女一斗，丰年再还。

第二条：今春县府供应种子，不收分文，县府组织耕牛耕田，不收分文。

第三条：知县带领全体官员与民同耕，每逢单日，到无丁之家帮助耕田种地，一官结对一家，三年为期。

第四条：所有因贫穷上诉免粮获罪之人，一律免罪，今日起即可出狱，与家人团圆。

第五条：除杀人、放火、偷盗等重罪，其余打官司之人可将诉状投放在县衙石狮旁的诉箱内，并对石狮述说案由，石狮自能断案。

听众听罢，高声赞扬有之，不相信者占多数。听一人大声说："会有如此好事？"张先生见乡民不信者多，就说："各位乡亲，如若不信，可随我到县衙前监狱一看，一会儿就会放出申诉免粮而获罪入监的后人。"众乡亲齐应一声："走，到县衙牢门前看个明白。"于是张先生与众乡民一齐涌到县牢门前。只见县牢门前已有数百人聚集，知县蒋成材站在县牢门前的凳子上，摆手说道："众位乡亲安静，我是刚刚上任的荥泽县知县蒋成材，今天发布县衙五条告示，现在落实第四条，'所有因贫穷上诉免粮获罪之人，一律免罪，今日起即可出狱，与家人团圆。'打开牢门，放出上诉免粮的人与家人团聚。"只听典史李应期一声令下："打开牢门，放人。"只见牢门大开，十余年轻后生相继涌出大门，大门外妻儿、父母一拥而上，亲人拥抱，哭成一片。哭声一会儿停下，几百人黑压压跪倒在地，高呼："谢青天大老爷。"只见训导魏士魁上前说：“各位乡亲，快快请起，蒋知县还有话说。”待下跪数百人站起，众人又安静下来。知县蒋成材接着说道：“各位乡亲，回家准备种田，明天按乡保通知，到县仓领人丁口粮，十天后到县仓领种子，十五天后县衙人等进入各无丁之家帮助耕田种地。有新的申冤之人到县衙门前右侧石狮前告状即可，本官要到纪公庙村无丁之家种田。”县丞李威培对众人大声说：“乡亲们，散了吧，按知县大人说的办就行了。”众人见到放了上诉之十余名青年，又公布了领粮领种子时间，真正相信了县衙的五条告示，纷纷说：“蒋知县真正是青天大老爷。”人们三五成群，慢慢散去。

明万历二十八年（公元1600年）春，蒋成材任荥泽知县的第三年，荥泽万象更新，万亩良田年年丰收，家家粮食满仓，收罢秋粮种上麦子，万千乡民涌到县衙大门外，只见车拉肩扛，都是颗粒饱满的小麦、黄灿灿的玉米，县丁不用催粮，县史应接不暇。家家除应交粮税，都有一份额外粮袋，异口同声说是加倍补还三年前种子和救济粮，以谢蒋公之恩。县府粮仓装满，仓外乡民络绎不绝，蒋公派人飞马报知开封府，开封府尹正为开封四周杞县、兰考等县蝗灾而缺粮发愁，听到蒋公喜讯，真是大喜过望，当即回信一封，献粮统统收下，明日本府亲到荥泽，运回余粮不表。

再说石狮前诉告箱前，众多申诉者围成一团，要求撤诉，真应了当地名言：“穷吵闹，福安然。”一些乡民家长里短、偷鸡摸狗引起的纠纷，在三年大丰收面前迎刃而解。三百多起诉案，撤回将近三百起。众人纷纷说：“县衙前石狮会说话断案，蒋公没有出面，石狮已断案三百起。”有一老者从怀里摸出两条红绸条，挂在县衙石狮脖子上，只见道敏从怀中摸出一大串鞭炮，刚刚鞭炮响起，又见众多后生都带有鞭炮。顷刻间，鞭炮声、唢呐声响彻云霄。万千乡民载歌载舞，直近中午。靳老先生、孙老先生陪同知县蒋成材，县丞李威培等一应县府官员，走出县衙。众后生看到知县蒋成材，一拥而上，抬起蒋知县抛向空中，只听众人高呼："蒋知县英明，蒋公万岁！"声连声传遍县城。

一月后，朝廷圣命，蒋成材升任怀庆府知府，消息传开，荥泽人恋恋不舍，自发捐资，在汉忠烈侯纪信庙西侧建"邑侯蒋公生祠"，并刻碑表蒋公之德，碑文一言以蔽之："蒋公雅量汪洋，如千顷波"。

邑侯蒋公生祠碑记现藏郑州纪信庙内，县衙石狮承载着荥泽历代民众对美好生活的向往，历经四百多年的坎坷，现屹立在郑州市惠济区古荥镇政府大楼门前，继续向当代人诉说……

# 第六章　民风民俗

# 第一节　婚丧大典

## 一、婚嫁习俗

20世纪50年代前，多以门当户对、身世田产为基础，遵照“父母之命，媒妁之言”，实行“包办婚姻”，然后按天干、地支、十二属相“掐八字”，不“犯冲”者，方予订婚。再由男方择定吉日，“过帖”转告媒人。男方属相写在庚帖上，送交女方，女方属相书写后，交给男方。互换后各执一帖，作为凭证，这叫“订亲”或“走书”。

男女双方年过 17 岁方可举行婚礼。婚礼前，先由男方择定吉日，再转告媒人，并送袄面一块和“良缘吉帖”，通知女方，准备嫁妆，这叫“送好”。迎娶的头天晚上，由引礼人（司仪）偕准新郎在祖先牌位前，演习“九叩二十四拜”礼。亲戚家的小孩在当天晚上挤在新婚夫妇床上睡觉，俗称“压床”。吉日早饭后，锣铳在前面开道，鼓乐紧随其后，“引礼”“夹毡”者随后，新郎头戴礼帽，上插宫花，身穿长袍、马褂端坐高头大马之上前往女家迎娶，后边的花轿上坐着“娶女客”和“压轿孩”。到女家吃罢果品点心后，新郎、新娘向女方父母、长辈施“谢恩礼”和“告别礼”。然后，新郎十字披红骑马前行，新娘头戴凤冠、身穿霞帔坐轿随后，女方送客亦随其后。路过大街，时有亲友摆“贺桌”庆贺。到新郎家后，新郎、新娘在中宫院内拜天地，而男方父亲则到新房翻席（又称“翻床”），礼仪结束后，新郎端麦斗和新娘同入洞房。翌日，新娘由长者引导到近族家给长辈叩头，一为让长辈认自己，二为自己认长辈，以免以后处事失礼。长辈受礼后，皆给新娘红包，又称“拜礼”。三天，夫妻同去娘家“认亲”。

## 二、丧葬习俗

当人断气后，即为亡人洗脸、整容、更换寿衣、移到“草铺”（床上纵放谷草）上，置于堂屋中央，再摆放供果放在亡人头前，焚烧纸糊的“钱褡”，点燃一盏油灯（长明灯），孝子披麻戴孝坐在亡人身旁守灵，等候吊唁、举哀。孝子出门见长者要磕头，以示老人亡故。亡人之女出嫁者要哭回婆家报丧。请“阴阳先生”按亡人断气时间（按天干地支推算）和亡人拇指所掐之指关节纹（男左女右）推算何时“出魂”，以令其家中人等外出躲避，避免亡人见到后恋家不肯离去，而后点燃“草铺”之谷草，引亡灵到“阴间”归宿，等时辰过后，由男孝子敲打响器（锣或铜盆）于庭院各个角落，以驱亡魂。出殡的头一天，请“纸扎匠”用白纸剪成纸条，挂在准备好的柳枝上，是为“幡”，用于招魂。再剪些白纸粘在备好的柳棍上，称为“哀杖”。另买一些纸人、纸房等，在亡人葬后皆在坟墓前焚烧，以供亡人享用。亡人出葬时，执幡人（亡人的外孙或外甥）在前，鼓乐、灵柩随后，儿女晚辈披麻戴孝，手拄哀杖，紧随其后，号啕痛哭，送至坟上。棺椁入穴祭奠后，众晚辈依次用手抓土、痛哭绕墓穴一周，这叫“转墓”，然后哭回家。进家门前，要在置于门外侧旁的水盆里“净手”，盆中放一菜刀，意喻“阳世阴间，从此两断”。而后，长孝一手提“浆罐”，一手拄“哀杖”前往坟墓“浇汤”（应避开封墓人等）。第二天，男女晚辈仍披麻戴孝，手拄哀杖并携带素水饺等物上坟，此曰“赴山”，瞻仰墓地后，众孝子将哀杖插入坟墓一周。然后，同去姥姥家“谢孝”。谢孝后，丧葬事宜结束。

# 第二节　生活习俗

## 一、饮食

主食：荥泽地区的饮食习惯于面食，有细粮粗粮之分。细粮主要有麦面、大米；粗粮包括玉米、豆类、红薯等。一日三餐，一般多以粗粮掺入蔬菜作主食（菜馍或菜饼）。富裕之家，多用粗细粮两掺或细粮作主食。

菜肴：多以素菜为主，或腌咸菜（蒜薹、芥丝、萝卜等）。如果宴请客人或逢喜事，则杀鸡、割肉制作酒席。每桌六人，八盘十碗。大桌（上桌）则加上“四大件”（全鸡、整鱼、腐乳肉、八宝饭）。而丧葬菜肴以素菜为主，俗称“豆腐席”。

## 二、服装

清末至民国年间成年男女服装多以黑、蓝、白色为主，年轻女子用其他色彩。布料因贫富而不同，富人用绸纱，穷人用自织土布。男女服饰，上衣均用大襟，纽扣系于右侧；下衣上口无开叉，宽腰大裆，下口缠扎腿带，如遇婚丧俗礼，则富人冬季穿长袍，外加马褂，以示庄重。夏季，工作人员和教员多穿长衫。妇女服饰，上衣带襟，宽大至膝，缠扎腿带。

## 三、鞋帽

20 世纪 50 年代前，富户人家多戴帽衬（瓜皮帽）礼帽，穷人则戴黑毡帽、猴帽，妇女多顶黑土布巾。

鞋子，多为低帮圆口黑布鞋，冬季穿蚌壳形棉鞋。雨天穿木底鞋和牛皮钉鞋。

袜子多穿土布白袜，长筒上底，后又发展为长线袜。

## 四、发型首饰

男留长辫，女梳盘头。辛亥革命后，男子多为半长发（好像女人的剪发头型），农民多为光头。婚后妇女仍为盘头，未婚女子梳一长辫。老太太脑后挽一发纂。后男子又出现平头、分头、背头等发型；妇女为剪发头型、学生头型、梳双辫发型等，老太太仍沿原发型。

妇女多戴银簪、压鬓、耳坠、戒指、手镯等首饰。

## 五、住宅

住宅多为土木结构，由柱、梁、檩、椽构成屋架，上缮麦草泥垛或旱坯垒砌墙壁；富人用青砖垒至窗户下沿和包砌门、窗口，屋面覆小青板瓦。宅院有三舍院和四合院，富人则深宅大院，有一进深、二进深、和三进深等。

## 六、照明

清末民国初，多用清油、棉油、豆油等为油料，用棉捻为燃料盛于灯台照明，演戏的照明灯具为“大鳖灯”。后来，人们改用煤油灯照明，演戏的照明灯具也用上了汽灯。

# 第三节　古庙会

荥泽古城庙会历史悠久，唐、宋时，庙会进入鼎盛时期。村村有庙，庙前建有戏楼。每逢年节和庙会期间，群众都自发组织文娱活动和请戏班唱戏。因人群集中，小商小贩也趁机促销，群众在看戏的同时，也选购所需物品。因此，庙会便成为物资交流的重要场所。荥泽古城的庙会主要有以下几种。

## 一、城内庙会

（一）古荥城隍庙庙会

古荥城隍庙庙会为每年农历三月二十八至三月三十，这是荥泽县最大的庙会，有数万人。俗传农历二十八为“城隍神灵佑伯诞辰”，庙会最盛。

（二）卢医庙庙会

卢医庙庙会为每年农历四月十五，相传这天是卢医的生日，会期一天。

卢医即为神医扁鹊。扁鹊医术精湛，妙手仁心，悉心为民治病，深得百姓称颂。人们为了纪念这位济世名医，在每年农历四月十五举行盛大的祭祀活动，同时祈求卢医保佑百病不生，久而久之，形成了传统的卢医庙庙会。

（三）关帝庙庙会

关帝庙庙会为每年农历五月十三，会期一天。

据传三国名将关羽过五关斩六将，荥泽古城是关羽过五关的五关之一，后人为纪念关羽，立庙祭拜，形成庙会，相传至今。

（四）“小满三”会

“小满三”会为每年二十四节气“小满”的第三天，农谚“小满十八天，青黄都要干”，人们为了即将到来的丰收，纷纷置办农具，所以“小满三”会主要为农具物资交流会，在“小满三”会上，商贩们摆出叉、筢、扫帚之类的农具，参加庙会的人们各挑所需之物，以备夏收。

（五）忠义节孝祠庙庙会

忠义节孝祠庙庙会为每年农历八月二十三，这一天，时任县官要亲自祭祀供奉在忠义祠与节孝祠的忠义之士与孝子烈女，场面盛大。后发展为庙会，大会三天。

（六）至圣家庙庙会

至圣家庙庙会为每年农历九月二十三，会址在至圣家庙庙前，会期一天，为了纪念唐代孔巢父家族。孔巢父为孔子后人，因在“安史之乱”中平叛有功，子孙受其荫庇，历代为官。后人为纪念先人，每年都要进行大规模的祭祀活动，久而久之，就形成了这一庙会。

（七）城隍庙秋季庙会

城隍庙秋季庙会为每年农历十月十八，是人们为了拜祭城隍，祈求神灵保佑而形成的庙会，为期一天。

## 二、城外庙会

（一）纪公庙庙会

纪公庙庙会为每年农历正月初三，此时正好是春节期间，庙会一直延续至二月初二，为期一个月。

相传正月初三为纪信生日，是人们为了缅怀英烈、祭祀忠魂而举行的隆重的纪念活动，届时，四面八方前来祭祀的人们云集庙内，拜谒纪公。由于他们需要大量地购买香、表、供果、吉祥信物和祈愿、还愿、吃喝、看戏等，这就促使当地和周边村镇的传统小吃、民间工艺得到了快速地发展，一到纪念活动来临，一些富有经营头脑的人们便推车挑担前往纪信庙前摆摊设点、经销产品。久而久之，便形成了具有民俗特色和商品物资贸易并举的纪信庙庙会。

（二）烈士忌日庙会

烈士忌日庙会是为追思纪信壮烈殉难的纪念日庙会，在每年的农历五月十三，会期一天。

因我国古代旧俗这一天忌举行宴会或从事娱乐活动，所以，本次庙会期间禁止一切娱乐性质的演艺项目，以追思、祭祀为主题活动，商贸交易辅之。

（三）七月七会

七月七会为每年农历七月初七，会址在索须河，黄水入汴河的三河江流处，主要是人们为牛郎织女七夕相会的美丽传说而立的庙会。

## 第四节　名优小吃

荥泽古城历史悠久，文化积淀深厚，文物古迹遍布，风景名胜诱人。历代帝王将相、文人名士都经常到这里巡游祭祀，八方游人来此览胜。在长期的历史发展中，融合南北特色，汇集东西风味，逐步形成了自己的生活习惯和饮食风格。一日三餐，早淡、午咸、晚汤水。名优小吃品种繁多，物美价廉。主要品种如下所述。

### 一、靳纪汤圆

靳纪汤圆选料精良、做工精细、酸甜可口、黏爽不腻，是馈赠亲友、老少皆宜的美味佳品。

### 二、绿豆丸子

绿豆丸子主料为绿豆面、萝卜丝，加盐、佐料搅拌后油炸。食用时在放好佐料的汤中煮透，盛碗后再放醋、辣椒等调料，酸辣可口，软香味浓。

### 三、面筋泡

面筋泡是将洗好的面筋团放到沸油中炸，酥软可口，风味独特。

### 四、水煎包

水煎包表皮金黄、外焦里嫩。

## 五、千层烙饼

千层烙饼主料为麦粉，用清油拌和，先擀成条状，再擀成饼，内夹油、盐拌葱末，最后在平底锅上烙。黄焦酥脆，味道鲜美，层如薄纸，丝丝透明。

## 六、豆沫

豆沫主料为黄豆面、小米面、少量玉米面搅和后熬制，再放少许粉条、干菜（芝麻叶、红薯梗和叶、茴茴菜、干豆角等），最后放些煮熟的黄豆、盐、五香粉等调味品，盛入碗后，再放一些香菜或荆芥，味道极佳。

# 第五节　民间谚语

## 一、气象谚语

东虹呼雷西虹雨，南虹出来长大水，北虹出来卖儿女。

久旱西风雨，久涝东风晴。

久旱东风不下雨，久涝西风天不晴。

热在中伏，冷在三九。

蜻蜓飞不高，定有大雨浇。

大风不过午，过午没人堵。

## 二、时令谚语

春打六九头，返了春，冻断筋。

该冷不冷，五谷不成；该热不热，五谷不结。

有钱难买五月旱，六月连阴吃饱饭。

暑一伏，短一锄。吃罢冬至饭，一天长一线。交一九，长一手。

夏走十里不黑，冬走十里不明。

枣叶发，种棉花，榆钱包，麦收好。八月十五云遮月，正月十五雪打灯。

## 三、饲养家禽牲畜谚语

寸草铡三刀，没料也上膘；有料没料，（槽）四角搅到。

草膘、料力、水精神。铁驴、铜骡、纸糊马。

多养鸡鸭多下蛋，经常不缺零花钱。

跑羊多下奶，卧猪多长膘。

## 四、饮食卫生谚语

吃药不忌嘴，医生跑断腿。

冬吃萝卜夏吃姜，胜似医生开药方。

饭后百步走，能活九十九。

宁吃鲜桃一个，不吃烂杏一筐。

气大伤体，酒多伤身。

## 五、教育子女谚语

生子不养父母过，养子不教更为错。

树不修不直，子不教不材。

山高遮不住太阳，儿大压不了爹娘。

跟着好人学好人，跟着巫婆跳大神。

平时不做亏心事，半夜不怕鬼叫门。

狗不嫌家贫，儿不嫌娘丑。

娇子如杀子，严管出孝子。

溺爱出公子，严训出才子。

## 六、治家处世格谚

东风不称盐（天潮），西风不卖花（天干）。

农闲喝稀汤，忙时吃干饭。

少说闲话，邻里和睦；翻嘴饶舌，街坊反目。

穷吵闹，富安然；家和万事兴，吵闹百业衰。

在家不要当犟驴，出门莫把闲气生。

新三年，旧三年，缝缝补补又三年。

# 第七章　千年兴衰话鸿沟

## 第一节　有关“鸿沟”的历史文献摘抄

“鸿沟”一词，不但在我国家喻户晓，而且它的含义在全世界已成为不可逾越、不可调节的代名词。而对“鸿沟”的形成发展经历现代人却了解甚少。但“鸿沟”确与荥泽古城的兴衰密切相关。故此特在这里予以简单的介绍，使游客在了解古荥大运河文化区的同时，进一步了解它的形成和在我国历史长河进程中的重要作用，进而更了解荥泽古城在历史进程中的重要地位。

我国先民在进入尧舜禹三代后，踏入文明时代。兴利除害的治水工程成为先民生活生存的重要保障，对江河的治理成为当时我国的头等大事。禹在其父鲧治水失败后，受大家的推荐接受舜的指命，带领全国人民开始治理祖国大川山河。

禹治水，主要是以治理黄河为中心。治水以前，黄河自发源地青海省青藏高原巴颜喀拉山北麓的约古宗列曲，呈“几”字形自西向东流经青海、四川、甘肃、宁夏、内蒙古、陕西、山西进入河南，因黄河带有大量泥沙，水流无常道，巨大的洪流肆虐两岸居民，被称“河菑衍溢，害中国尤甚”。大禹治理黄河十三年，三过家门而不入，使黄河、济水两条大河在荥泽合流，形成一大泽（即大禹治水在我国古代形成的九泽之一“荥泽”），缓和了黄河流速。河水在“荥泽”缓速后，经邯郸、天津等处入海。“鸿沟”就是从“荥泽湖”里流出的一条重要河流。

“鸿沟”的表述，可见《史记·卷二十九河渠书第七》[1]的记载：夏书曰：禹抑洪水十三年，过家门不入。陆行载车，水行载舟，泥行蹈毳，山行即桥。以别九州，随山浚川，任土作贡。通九道，陂九泽，度九山。然河灾衍溢，害中国也尤甚。唯是为务。故道河自积石历龙门，南到华阴，东下砥柱，及孟津、雒汭，至于大邳。于是禹以为河所从来者高，水湍旱，难以行平地，数为败，乃厮二渠以引其河。北载之高地，过降水，至于大陆，播为九河，同为逆河，入于勃海。九川既梳，九泽既洒，诸夏艾安，功施于三代。自是之后，荥阳下引河，东南为鸿沟，以通宋、郑、陈、蔡、曹、卫。与济、汝、淮、泗会。于除，西方则通渠汉水、云梦之野，东方则通（鸿）沟江淮之间。于吴，则通渠三江、五湖。于齐，则通菑济之间。于蜀，蜀守冰凿离碓，辟沫水之害，穿二江成都之中。此渠皆可行舟，有馀则用溉浸，百姓飨其利。至于所过，往往引其水益用溉田畴之渠，以万亿计，然莫足数也。

《史记》的记载说明“鸿沟”的起源是荥阳下引河东南的鸿沟，这里的“荥阳”即现在的古荥镇，隋代（公元601年）至1953年，又称“荥泽县”。也就是说，“鸿沟”起源于古荥镇东南一带。秦始皇灭魏，就是其大将王贲驻军古荥镇，利用“鸿沟”水淹大梁而灭掉魏国。

《民国河阴县志·山川考》记载：唐家顶二沟之间有大王庙，存石人：高四尺，昔从汉王城塌出，蓋翁仲也，闻当时尚有一石，马以体重难秽，后沿与河。东山上西广武城，西城相聚甚近，东大而厚，西小且薄。东临广武涧，广武涧者由南而东北一巨壑也。天阴雨水东北流，明与此置鸿沟保。故今人称之曰鸿沟，指为楚汉之界，则非也。楚汉界当

---

[1] 《史记·卷二十九·河渠书第七》录于中华书局（简体字本），1999年1月。

即后曰汴水之道，此涧因通鸿沟，故致误耳。

《民国河阴县志·河渠》记载：水经注云，渠水自河与济乱流，东经荥泽北，东南分济，历中牟县之圃田泽与阳武水分，又东南为官渡水，又东至浚仪，左侧故渠出焉。秦始皇二十二年，王贯断故渠引水东南以灌大梁，谓之渠沟。世遂目故渠曰阴沟，而以梁沟为蒗荡渠，东南至大梁城合。蒗荡渠其东导者为汴水，蒗荡渠自大梁城南南流为鸿沟。鸿沟又兼沙水之目东南流，至新阳县为百尺沟，注入颍，此即班固所滑蒗荡渠，首受济水东南至陈入颍者也。上诸渠同源於出河之济。故言鸿沟者指此为鸿沟，言蒗荡渠者指此为蒗荡渠，言浚仪渠者指此为浚仪渠。皆以下流之目追被上源者也。按赵氏之说考订甚祥，但鸿沟汴渠在古荥阳者史记汉书水经注皆祥哉，其言之今不能废也。

录以上文献，不作多余评论，读者自清。

## 第二节　鸿沟故道行经今开封以西段考略

鸿沟凿于战国初期的魏国，出土的魏国竹简《竹书纪年》明确记载："梁惠成王十年（公元前361年）掘沟，入河水于圃田（古泽名，在今中牟县西），又为大沟而引圃水"。二十五年之后，到"梁惠成王三十一年，为大沟于（大梁）北郭，以行圃田之水"，才将鸿沟开凿到大梁的北郊，其中原因不详。据《战国策·魏策》所载，苏秦游说魏襄王时曾提到"大王之地，南有鸿沟"。说明在那时以前，鸿沟早已接通颍水了。《史记·项羽本纪》记载楚汉纷争，项羽与刘邦"中分天下，割鸿沟以西者为汉，鸿沟而东者为楚"，就是指的这段南北向鸿沟中间的广武涧，误认为鸿沟。广武涧高出黄河河床数十米（在古代，相差更大），让黄河水从广武涧中流出来，这是不可能的。这些由于不了解情况而产生的误解，如果研究一下有关历史文献，自会澄清。

鸿沟，古来俗称浪荡渠，《水经注》中简称为渠水，《竹书纪年》中称为大沟，《战国策》《史记》中改称为鸿沟。鸿沟引河之首段，原是古济水出河首段，经过人工加工形成的渠道。以后汉代的汴水首段也是占用鸿沟，所以鸿沟首段，有以上几个名称。鸿沟在今中牟县北向东与开封县交界处一段，因经过官渡台，又称为官渡水。鸿沟东流到开封市北郊，因是古浚仪县地盘，又被叫作浚水或浚仪渠。鸿沟经大梁城东北郊，汴水从这里分流东去，大致取道黄河故道东流经睢阳（今商丘市）、彭城（今徐州市），汇泗水入淮，经邗沟（春秋吴国所开，沟通江淮，在今江苏扬州市与淮安市之间）接入江南水道。战国末年，秦攻魏，秦将王贲从大功率梁西北郊鸿沟右岸开口向东南开沟经大梁城西和城南，引鸿沟水灌大梁城，称为梁沟。后来梁沟与转流到大梁城东郊的鸿沟汇合，鸿沟南流。南流之鸿沟或浪荡渠又称为沙水或蔡水。后世又往往把梁沟称为鸿沟正流，比较混乱。南流之鸿沟——沙水，于陈留县西北，历左侧接通睢、涣二水之上源。然后南流到今太康县西北，右侧接通涡水之上源。睢、涣、涡三水均东南流入淮水。沙水再南流至陈县故城（今淮阳县城）东，沙水在这里又称为百尺沟。又南，沙水分为两支，南下至项城故城（今沈邱县治槐店）对岸入颖。最初与鸿沟同道的古济水，自荥泽县（今郑州市北黄河岗李水库北岸）北与鸿沟分流后，东北流经春秋战国时代的商业水运交通名城陶（今山东定陶），东北流接通齐国都城临淄（今山东临淄）城下的淄水。这就是《史记·河渠书》所说的“（禹）功施于三代，自是之后，荥阳下引河，东南为鸿沟，以通宋、郑、陈、蔡、曹、卫。与济、汝、淮、泗会”的鸿沟及其鸿沟系统的概况（这里汝指今郾城以下的颍河）。

鸿沟

## 一、鸿沟引河口门

黄河多沙、多淤善徙。“大河向背不常，故河口岁易”（出自《宋史·河渠志》）。如今黄河下游两岸许多引水灌溉渠首闸前，也常是时而临水，时而脱河。脱河，则不得不改移于附近临水的适当地点另择新口和开挖引水渠，新口使用久了，也会脱河，又不得不再找新口，或又修复又已临河的旧口引水。据《水经注》所载，从广武山下沿古黄河东北行，到今原武镇西北，数十里间，古黄河的南（或东南）岸边，就有汴口、荥口、宿胥水口、济隧口、阴沟水口等五个古代引河口门。

汴口，有敖山（据《水经注》，敖山在广武山上东广武城，即今霸王城的东面）西北，河阴县西二十里，东汉建宁四年（公元171年）建立石门。荥口，在敖山东北，地当荥渎出河之口，上距汴口约二十里，东汉阳嘉三年（公元134年）建立，早于汴口称石门三十七年。综上所引可见，战国魏国所开鸿沟，系从荥口引水的。此口门经历秦、西汉，到东汉阳嘉时，还在使用，是相当稳定的。所以《水经·渠水注》说："浪荡渠出荥阳北河"，显然，是指其引河自荥口石门而非汴口石门。西汉平帝时河决，东侵汴渠，拖了六十余年，到东汉永平中，才令王景治河分汴，那时汴渠渠首破败得"门阊故处，皆在水中"，经过王景修复（以后中间可能还不断修过），到东汉阳嘉时，又变得"地形殊卑"，常被水淹，实在无法引水使用，才移向上游修建了汴口石门的。汴口原系济水，从古黄河之口，济水始见于《春秋》，大约后来由于济口前脱河，所以战国时魏人自荥口引河，东汉阳嘉以后，荥口又脱河，济水口又临河了，又复改用汴口引河。隋代修通济渠时，仍在使用汴口，于汴口之东附近。"增筑汉古堰遏河入汴"，并更于汴口上游，增开板渚口补充引水。

### 二、鸿沟的水源和布局

鸿沟先以引黄河水为主，但其经流沿途，也陆续汇纳其右侧从今荥阳、郑州、中牟南境和尉氏、鄢陵、扶沟、西华等县境河流，即今贾鲁河水系支流的来水，补充渠道流量，水量也算丰富。并且这贾鲁河水系支流上，当时大都有一些湖、泽，承泄和调节来水。据《水经注》所载，有大小二十四个湖、泽和陂、塘，其中荥泽和郏城陂、圃田泽宽广都达几百平方里；中牟泽、牧泽、逄和鸭子陂、灌陂有上百平方里；白雁陂、蔡泽陂也有六七十平方里。二十四个陂泽中，有十五个称为陂的，即经过人工整修过的工程。可见，鸿沟是具有相当大的调蓄能力的。不过在战国魏国时代，不一定如后世《水经注》所叙述的那样系统完备。这些从右侧入渠支流及其上面的、大小众多的湖泊陂泽，和从其左侧分流出去的各分支水道，以鸿沟为纲，联结形成一个有注、有泄，并有调节的、长藤结瓜式的水道系统，其规划布局是符合近代水利技术理论和方法的。

## 三、鸿沟在大梁以上，大体上走今日黄河之道

《水经·渠水注》叙述古荥阳至大梁间的鸿沟走径说“浪荡渠自河与济乱流，东迳荥泽北，东南分济，历中牟之圃田泽北，与阳武分水”。荥泽，按《水经注》：“京相番曰，荥泽，在荥阳东南”；又荥泽北岸有垂陇城，“京相番曰，垂陇城，郑地，今荥阳东二十里有故垂陇城”；又黄水入荥泽处，左侧有故市，大约为当今郑州市西北三十里的固城。近年在郑州市北二十里大河村发掘出大面积的、以芦苇作墙壁和房柱骨架的滨湖泽新石器时代村落遗址，当系荥泽南岸村落遗址。从以上各地址的位置，可勾绘出荥泽的范围。圃田泽，《渠水注》说：“在中牟县西，西限长城，东极官渡，北佩渠水。东西四十许里，南北二十许里，中有沙冈，上下二十四浦，津流迳通，渊潭相接。……水盛则北注，渠溢则南播”。长城，在管城东面数里处南北通过，官渡位置见下段考证。又《括地志》管城下称：“圃田泽在郑州管城东三里”，《元和志》中牟县下称：“圃田泽，一名原圃，县西北七里”。

从“与阳武分水”这句话可知，鸿沟流行于中牟与阳武二县界上，大体上走今天黄河河道。下面再举出几个具体地点和地段，说明这一点。

唐《元和志》河阴下称：“汴渠，在县南二百五十步，亦名浪荡渠。自宋武北征之后，复皆堙塞。隋炀帝大业元年，更令开导，名通济渠”。是知唐河阴县城南所紧临的汴水，就是古代鸿沟的一段。唐河阴县城在今郑州市西北广武镇东北、桃花峪西北三四里，霸王城东北的黄河中。

唐《括地志》荥泽县称，在该县境内之“汴渠，一名浪荡渠，今名通济渠”；《元和志》荥泽县下称：“践土台故王宫，在县西北，临汴水”；又说：“故王宫，在荥泽西北十五里王宫城中”。查民国陈善同《河南黄沁两河详图》，在京广铁路黄河旧铁桥北端之北五里，有前城村，其与隋唐荥泽县故城之方位距离，近上述资料所言。前城可能即践土城。由上可知，唐荥泽县境内之鸿沟在今郑州市的黄河中。

据《寰宇记》，阳武县治曾于“高齐文宣天保七年（公元556年），移理小汴水南一里”。查清光绪吴大澂《进呈御览黄河三省图》，在阳武（今原阳）县城西南黄河北岸大堤内侧有阳武店，南与中牟县西北境之杨桥村隔河相望。阳武店高齐阳武县治处。由此知，该处黄河是汴水旧道，亦即古鸿沟浪荡渠的旧道。

《元和志》阳武县下称，该县境之“汴渠，一名浪荡渠，今名通济渠。西南自荥阳、管城二县流入博浪沙，在县南五里”。

《渠水注》说：“浪荡渠又左迳阳武县故城南，东迳曹太祖遗址北，有高台，谓之官渡台。渡在中牟，故世又谓之中牟台”；《项羽本纪》引张华语“《北征记》云：中牟台下临汴水，是为官渡水也”。

官渡位置，时人以今中牟县城东北八里之官渡桥位置当之。笔者按浪荡渠或汴水行经阳武桥和大梁城北郊的位置对照，若以今官渡之位置为鸿沟所经之官渡台，则将形成一南向突出的大“U”形弯道，由此平原地带，渠势显然是不合理的。笔者按《渠水注》叙述官渡之战，建安五年，“袁绍进临官渡，起土山地道以逼（曹操），公亦起高台以捍之”；《三国志·魏书·武帝纪》载袁绍进临官渡后，“绍遣车运谷，使淳于琼等五人将兵万余以送之，宿绍营北四十里”。《裴松之注引曹瞒传》载“（许）攸曰：今袁氏辎重有万余乘，在故市、乌巢”。即官渡在故市、乌巢之南四十里。据《水经注》：“济渎东迳酸枣县之乌巢泽，泽北有故市亭”。“注（乌巢）泽在酸枣县之东南”。酸枣县故城在今延津县北十五里，则乌巢泽应在今延津县南、原阳县之东、封丘县之西。故市，据《水经注》，在乌巢泽北边。据以上资料推定，官渡应在今原阳、中牟间黄河南岸，东漳乡一带。查臧励和《古今地名大辞典》，有“团城，在阳武县东南三十里，俗呼为新城，即曹操与袁绍对敌，筑台屯兵以拒处”。与《水经注》所言之官渡位置相合。又《宋史·河渠志》引张洎的话说：“（浪荡）渠原经阳武县中牟台下为官渡水”。谓中牟台在宋阳武县境。也可见，中牟台或官渡台应在阳武、中牟二县交界一带，而不应在今中牟城郊附近。

（作者徐相乾，男，河南省水利厅退休干部，教授级高级工程师）

（原文摘自《河南水利与南水北调》，2014 年第 5 期水文化 27）

# 结 语

荥泽古城人保护了当地优秀的文化遗产，也为我四十年的文物保护工作留下了用武之地。我经常想，古荥的历史文化遗产是一颗颗明珠，我要努力使这些明珠显露出它们的灿烂，让它们为荥泽古城善良的乡亲们服务。

荥阳故城和古荥冶铁遗址成为全国重点文物保护单位，荥泽城隍庙、荥泽纪信墓成为省级文物保护单位，孔氏家庙、古荥人民会堂成为市级文物保护单位，都注入了我大量的心血。特别是“中国大运河通济渠荥阳故城段（后称郑州段）”申报世界文化遗产，自 2007 年开始调研，到 2014 年联合国科教文组织（全称为联合国教育、科学及文化组织）批准，历经八年，从初期的田野调查，结合历史文献的认证，到上报市、省、国务院、联合国科教文组织，呕心沥血的八年奋战中，我的身体由健康的，到 2011 年带病奔走在申报最前沿，病倒在医院还指挥我的申报团队。2014 年 6 月 22 日下午，中国大运河申遗成功的信息，从卡塔尔多哈传到我耳中时，禁不住热泪盈眶。激动之余，八年申遗的复杂心情齐涌心头，即刻赋诗一首：

八年申遗八年路，八年劳累八年苦，多少人笑我痴，多少人劝我退，痴者不知我，劝者是爱我，我亦是我。运河，它是我的母亲河，它上辈与我有约，我为它而生，生为它而作，作而不知苦，作而不知累，苦累即是乐。乐在路上，乐在笔下，乐在多哈，乐在中国。

2016年郑州市委、市政府认真落实建设华夏文明传承与创新区的中央精神，决定以中国大运河通济渠郑州段为核心，建设“古荥大运河文化区”，荥泽古城迎来了快速发展的机遇，此书的出版，是根据有史可查的历史文献、有据可依的历史文化遗产，用喜闻乐见的、浅显易懂的故事形式，向游客讲述荥泽古城丰厚的历史文化，引起游客浓浓的兴趣，以这样的方式，把“古荥大运河文化区”推向全国，推向世界的宣传中起到增光添彩的作用，心愿足矣。

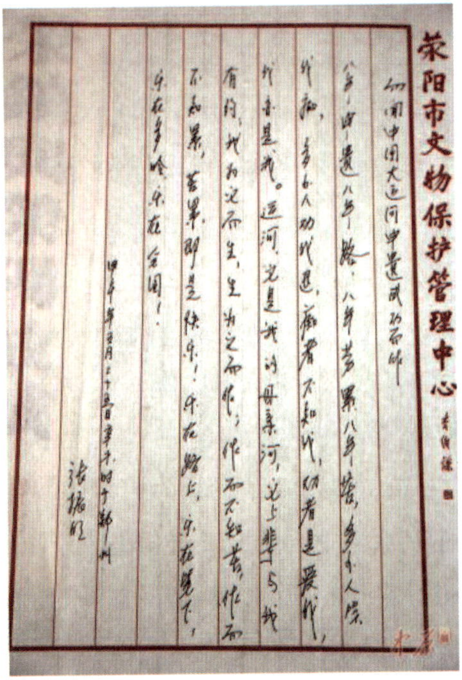


忽闻大运河申遗成功而作

# 后 记

荥泽古城悠久的历史文化和丰厚的优秀道德传统，深深地扎根于代代人们的思想中，忠孝节义、温良恭俭让始终都是人们行为的主流和规范。

在这种环境中，我走上生产队长的岗位，经过一年多的努力，带领生产队 500 余口人的艰苦劳动，家家有了余粮，年终都能分到现金，生产生活形势一步步好转，荥泽古城内的政治生态和生产状况，是随着全国形势的走向而呈现的一个缩影，在国务院总理周恩来亲自领导下，把毛泽东主席“抓革命，促生产”的要求真正落实到“促生产”上来。全国工业、农业、科技、教育方方面面都逐渐走向成熟，文物保护工作也和各行各业一样，在全社会开展。到了 1975 年秋收之后，荥泽古城西的“古荥汉代冶铁遗址”在 1964 至 1965 年第一次考古发掘的基础上开始了第二次考古发掘工作。至 1967 年春发掘结束，证明古荥的冶铁遗址是汉代河南郡管理的第一官营冶铁工厂。

位于荥泽古城西北角的“荥泽城隍庙”大殿是古荥轧花厂当作仓库使用的，间接保护大殿免遭破坏，当时屋顶已漏雨，古荥轧花厂对大殿进行了维修，厂里的张建中书记还对康熙年间的一个铁香炉重点保护，香炉上刻有康熙三十七年保护维修的简介。

郑州纪信庙散乱的石牌先后被群众又收集起来，重新集中到庙中，原址上又栽上了松柏、梧桐树，群众自发集资对基础设施进行了维修，所有这些自发的群众文化意识为后来纪信庙的保护和利用打下了基础。

荥阳故城的保护在整个“文化大革命”十年中，除在平整土地时有部分破坏外，基本上完整保存了下来。1975 年，古荥村还成立了三个人的荥阳故城保护小组，我也是三人小组的成员之一。

荥泽孔氏家庙的殿堂不仅保护下来，而且原占有者也主动撤出，由孔氏后人来管理了。

“文化大革命”结束，荥泽古城内外政治经济环境一直在理性中度过，没有武斗，没有停产，人们接受了古荥公社老党委书记李春友继续担任党委书记，李春友书记提出了“棉花亩产上百斤”的奋斗目标，各个大队、生产队基本上都按这个口号和目标努力抓农业生产，以向国家多做贡献、多交公粮为荣，以群众生活水平提高、多分钱、多分粮为荣。

特别应该提到的是，古荥人优良的文化传承和文化基因，使他们对历史文化和历史文化遗产的保护意识强烈和明显。比如，在古荥汉代冶铁遗址的发掘和保护进程中，他们表现出的极大热情和有力支持。在发掘的一年多时间里，他们从人、财、物各方面都提供了力所能及的帮助。

发掘后，根据遗址的重要性，要征用土地，当时的经办人是郑州市博物馆的于晓兴先生，征地申请表由生产队盖章到古荥公社盖章，又到郑州市郊区盖章，只用了一天时间，三级政府征地手续办完，事后于晓光先生说，在古荥文物保护的事真好办，这次征地手续办理得顺利，可能在全国都是最快的、效率最高的一次征地。现在回想往事还历历在目。1976 年古荥冶铁遗址征地时，冶铁遗址所在范围土地属于古荥第十二生产队，我当时是这个生产队的队长（同时是荥阳故城的保护员，参与了冶铁遗址的发掘，对文物保护已经有了一定的意识）。我亲自带着于先生，一上午盖完生产队、大队、公社三个章，中午再兴致勃勃地陪于先生吃了一顿饭。

这些青年时代的经历，都为我在以后的工作和生活中增加了信念和力量，也是我无论身在何处都深深地热爱我的故乡——这片充满生机的地方，也是我们编著本书，搜罗荥泽古城不为人知的故事列入本书的动力。

**张振明**

2017 年 12 月